这样激励员工
才能带好团队

李默成◎著

认清激励本质

激发员工斗志

绕开激励误区

洞悉员工心理

台海出版社

图书在版编目（CIP）数据

这样激励员工，才能带好团队 / 李默成著 . -- 北京：
台海出版社 , 2019.3

ISBN 978-7-5168-2262-3

Ⅰ . ①这… Ⅱ . ①李… Ⅲ . ①企业管理－人事管理－
激励 Ⅳ . ① F272.92

中国版本图书馆 CIP 数据核字 (2019) 第 042307 号

这样激励员工，才能带好团队

著　　者：李默成

责任编辑：王　萍　　　　　　　　装帧设计：白　冰
版式设计：秦　颖　　　　　　　　责任印制：蔡　旭

出版发行：台海出版社
地　　址：北京市东城区景山东街 20 号　邮政编码：100009
电　　话：010-64041652（发行，邮购）
传　　真：010-84045799（总编室）
网　　址：www.taimeng.org.cn/thcbs/default.htm
E － mail：thcbs@126.com

经　　销：全国各地新华书店
印　　刷：三河市明华印务有限公司
本书如有破损、缺页、装订错误，请与本社联系调换

开　　本：710mm×1000mm　1/16
字　　数：190 千字　　　　　　　　印　张：14.25
版　　次：2019 年 3 月第 1 版　　　印　次：2019 年 3 月第 1 次印刷
书　　号：ISBN 978-7-5168-2262-3

定　　价：49.80 元

前　言

企业管理者总是期望企业员工能自觉为企业无怨无悔地付出，希望员工对企业忠诚……

想要员工全心全意地为企业服务，企业管理者必须要能够对员工进行有效的激励！但是，千万不要以为激励就是花钱那么简单！实际上，有很多员工积极工作不只是为了物质利益，他们许多人是为了晋升、荣誉以及情感和精神上的满足。

在企业里，很多员工习惯于按部就班，于是，工作起来缺乏热情，死气沉沉，没有活力，他们是为活着而工作。但这绝不是企业管理者愿意看到的工作状态，管理者希望自己的员工忠诚于企业，充满热情地去为企业努力工作。

哈佛大学教授詹姆士曾指出：实行计时工资的员工只发挥其能力的20%，而受到充分激励时的员工，能力可发挥至80%以上。激励是一种比较行之有效的方法，它可以直接影响员工的工作观念和价值取向，激发员工的创造精神和献身事业的热情。当员工安于现状、死水一潭的时候，适当的激励可以帮助他们提高自我认识，激发其工作斗志。激励能驱除员工的惰性，激发其创造力，焕发斗志，把员工的精神、思想、意志、毅力、道德情操和理想信念提高到一个新的境界。它能够鼓舞员工发愤图强，全心全意地为企业服务。

遗憾的是，很多企业管理者只会用激励机制做做样子，落实起来如同镜中看花水中望月一般，结果不了了之，导致企业人才纷纷离开。所以，企业管理者要充分利用激励机制，唤起员工的工作激情，提高员工对企业的忠心度。

　　企业管理者究竟应该怎样做，才能让员工和自己同心同德、众志成城呢？什么样的激励措施能够唤起员工的工作激情，让员工对企业忠诚呢？本书将给你答案，让企业管理者在管理中找到最科学的激励方法，找到让员工甘愿为你鞠躬尽瘁的完美途径。

目　录

01 第一章　带队伍就是带人心
——建立激励管理机制

因材施教，像做老师一样做老板
——以人为本的激励原则

先扫清认知障碍再行动
——几种常见的激励误区

04 第四章　每个人都需要的正面情感激励
——尊重、沟通与赞美激励

05 第五章　挖掘员工自我实现的自推力
——荣誉、授权与晋升激励

06
第六章

摆出反面激励的冷面孔
——批评、挫折与危机激励

07
第七章

在你追我赶中激活团队战斗力
——目标、榜样与竞争激励

物质激励，要的就是简单粗暴
——薪酬设计的大智慧

用优胜劣汰来验证激励效果
——绩效考核的操作方法

10
第十章

"我们"的事业，"我们"的财富
——股权激励的黄金法则

带队伍就是带人心

——建立激励管理机制

员工爱岗敬业的真理

不管在哪个企业都会有许多爱岗敬业的员工，这些员工都有一些共同点：他们对企业的目标和使命毫不怀疑；他们热爱本职工作，并且知道实现自己的工作目标是公司宏图伟业的一部分；他们只需要沟通充分、目标清楚和协作融洽，并不需要纪律去约束。

敬业的员工会想方设法提高自己的专业技能，他们热情专注，具备很强的创新能力和吃苦耐劳精神。

每个团队领导者都想拥有敬业的员工。领导者要让他们去完成那些具有明确目标的任务，并让其在工作中自由发挥他们的潜能和才干。作为领导者，最艰难的工作可能是你有时对个人的技能和设想必须做出改变。敬业的员工很快就能察觉到那些愚蠢的管理方法，这些方法只会加速员工脱离团队。因此，领导者需要用激励来引导他们。

可是，并不是所有的员工都可以成为敬业的下属。很多人还是每天按部就班，按时领到薪水就满足了。不要自以为是地觉得你可以向他们提出一些有益的建议，特别是在过去的几年里某位员工工作表现一直不理想的情况下。对于大多数员工来说，他们内心深处都有一种不易被人发现的闪光点。领导者要设法找到那闪光点，并用它来引导激励员工。这样做，你将会发现自己正领导着一个完全不同的部门——而这将让你更加热爱自己的工作。

作为一名企业领导者，如果有敬业的员工出色地完成工作，那么你最郁闷的可能就是要计划一下怎么样打发多余的时间了。

缺乏敬业精神的员工会给团队带来巨大损失。就美国而言，员工造成的低生产率导致了3500亿美元的巨额损失。缺乏敬业精神的员工日常的消极工作态度还会影响公司中的其他员工，更不用说客户了。

研究显示：如果企业中有60%至100%的员工都相对敬业，管理者或股东平均的回报率能达到20%；如果敬业员工的比例不到40%，那么股东的回报率不到10%。

当企业进行成本与收益分析时，会发现敬业的员工是非常超值的。敬业精神可以在公司任何地方体现。

每个人都渴望做有意义的事情，渴望为目标而努力，并将自己的潜力发挥在有意义的事情上，这些远远超过了薪酬数字的意义，因为这些不是金钱奖励所能实现的。所以对于领导者来说，激励工作就会变得比较困难。比如涉及调整员工的薪酬福利，你的精力和控制比原来减少了。但领导者可以把更多的精力投入在如何激励员工的方法上，帮助员工将个人工作目标与公司的使命结合起来。

团队应该做些什么才能使这个世界或者现实生活变得更加美好？这样问起来似乎有点过于矫情了，但其实大多数人还是希望自己努力了一天之后，要比这一天开始时更好一点。

其实事实就是这样的！领导者只需要让员工知道，他们的工作正在使这个世界或者现实生活变得更好。不过，你首先要明白公司是怎么样在改善这个世界或者现实生活的，你还要知道你的工作的重要作用和意义。其实，每一种工作都是在改善生活，进而改善世界，一些极少数的（职业）例外。人们消费无非就三个因素，即减轻痛苦或灾难、重建希望和信仰，还有就是给世界带来美好。

领导者或管理者要将自己的工作与上面提到的一个或多个因素联系起来，

以寻求工作的最终意义。除此之外，领导者还要帮助员工建立这种联系，这时就需要领导者或管理者额外的想象力了。

医院里面的保洁员可不是单纯地拖了几十遍地板，她其实也是在为拯救生命而努力工作；泥瓦匠不只是砌墙这么简单，他其实是在为建造大厦而努力工作。无论员工具体处于什么职位，这种对于工作最终目标的联系，能提升他们的远见并改善他们的工作态度。

管理者对员工的激励，其实是在告诉他们，我们的工作是为了给人们的现实生活和世界带来积极的改变。

领导者可能会觉得，帮助员工把日常工作与长远意义之间建立起联系很困难，但与员工谈话还是容易做到的。只要领导者或管理者坚持与他们进行单独的、面对面的沟通，那么这种联系自然就会建立起来。另外，客户、社团，甚至是员工家庭，还有员工的梦想，这些都可以帮助员工联系到工作的目标意义。

对员工敬业精神的培养不是一件无趣的事情，更不是冲动地给员工一个承诺。管理者如果轻视培养员工的敬业精神，那么你就会麻烦不断了，而且你的工作也会变得毫无乐趣。

企业与员工的增值共赢

现代社会里，日趋残酷的商业竞争令人力资源的作用尤为突出，很多企业已经意识到了"将员工视作资本，进行投资并追求最大化回报"的意义所在。因此，人力资源管理所面临的重要挑战便是，如何高效地激励和稳定员工，使其在企业中发挥最大效能。想要做到这一点，我们必须在企业和员工之间建立起一种良性共赢的增值关系。

在现实中，大家可能也会发现一些"强＋强＝弱"的奇怪现象，非常优秀的员工与很强势的企业组合在一起，却没有预想那般发挥出超强效应，反而产生诸多问题，阻碍了企业和个人的发展。

问题出在什么地方？美国明尼苏达大学哈维茨创立的机制设计理论中"激励相容"原则给出了合理解答。哈维茨认为，在市场经济之中，每个经济人都会持有自利心理，并且做出相应行动，假如某种制度恰好能把他们追求个人利益的行为与企业追求集体价值最大化的目标统一起来，就可以实现"激励相容"。简言之，就是员工在为企业做贡献的同时顺便也成就了自身事业。

看起来"激励相容"似乎是很自然的事情，然而在实践中，却由于企业和员工的价值观不同而难以实现。在企业看来，企业发展不畅源于一些员工"集体观念淡薄""过于计较个人得失""目光短浅"等等，而在员工看来，矛盾是由企业引发的，员工想要让自己的才干、学识、能力、技能在企业中获得增值，但企业"没有提供充足空间和机会""制度不合理，压抑员工创造力""劳动与报酬不成正比"等等。于是，在实现各自价值的过程中，这些问题成为拦路虎，也令管理者的激励工作寸步难行。

想要更好地实现"激励相容"，让个人价值和集体价值同步增长，身为领导者的我们必须在做出激励举措前认识到两件事。

第一，为了让员工为企业创造价值，企业也必须为员工创造价值，并且应该成为最先抛出橄榄枝的人。只有当企业积极主动地做到了解员工需求、掌握其价值取向、提供更好的工作环境和待遇、不断地挖掘员工的潜能，员工的迅速成长才会具有可能性，他们才能具备实现社会、组织、个人价值的条件，才能做到比竞争对手更出色。员工达到持续地增值、出色，企业就会达到业绩与利润的持久增长。

第二，领导者必须摒弃"我就是要（应该）比下属优秀"的执念，将利用自身价值创造出更多他人价值视作成就，而非牺牲。在一些企业中，强势的领导者成为中流砥柱，其他员工的工作能力相形逊色，但企业并没有因为中流砥柱的存在而发展壮大，反而因为火车头拉不动车厢而发展迟缓。这充分说明了一点，优秀的领导者未必是优秀的管理者，他们可能善于且乐意将时间精力用于提升自我价值，却不擅长或者不愿意去提升员工价值。如何评定一个领导者的领导力是否获得增值？可以从以下几方面看看：他是否擅长服务他人，提升他人价值，发挥名师出高徒的作用，令员工死心塌地地追随。

独木难支，独树难成林。想要实现企业和员工的增值共赢，最简单的操作便是拆分企业看似遥不可及的大梦想，使之细化成为每个员工都能实现的小梦想，然后积少成多、有条不紊地加以实现。

横扫六国、一统华夏的秦始皇能够在弱势条件下战胜楚国、齐国、魏国这样的强国，正是因为他和他的团队充分运用了"激励相容"原则，将士兵的需求利益和自己的需求利益，做到了最大化的融合。一头狮子带领一群羊，假如狮子依旧是狮子，羊也依旧是羊，这个团队的组合是没有意义的，要是这些羊可以变得像狮子般勇敢凶猛，这个团队就能够在丛林里称王称霸。为了把羊变成狮子，商鞅变法规定：秦国士兵只要勇于在战场上斩获敌人一个首级，便能够获得一级爵位、良田一顷、住宅一处和仆人一个。谁斩杀的首级越多，谁获得的爵位和奖赏越高。为了让自己拥有更高的名誉地位、更丰富的物质生活，那些出身于农夫、小贩、乞丐的士兵们不惜赤膊相见、以死相拼，所以秦国才能屡战屡胜、一路披荆斩棘。最终，奋勇杀敌的优秀士兵得到了梦寐以求的爵位和衣食无忧的生活，善于激励军心的秦国统治阶层也坐拥江山社稷。

人民的胜利和富足，带动了国家的胜利和富足，实现了共赢。在企业中也是如此，反过来也照样成立。

美国西南航空公司正是这样实践"激励相容"原则的。公司规定，员工可以拿出自己的奖金的四分之一用来购买公司股票。也就是说，公司资本增加了，员工所持股就会增值，员工获得的利润奖金也会增加，就可以用来买更多的股票……形成一种财富增值的良性循环。有了这样的动力，员工们工作越发地努力，这家公司也因此八次获得本行业的三冠王。如此，企业赢得了行业地位，员工也赢得了丰厚的回报。

"人多力量大"的道理古今中外皆适用。一个领导者就算努力到极限，他的成绩也是有限的，然而一个企业所有员工共同努力的成绩却是无限的。只有怀着开放的心态、通过正确的激励，令员工自身的优势和特长得到充分发挥，促进人力资源转变为人力资本，才会真正水到渠成地实现企业价值。

 ## 企业文化：内聚人心、外塑形象

现代的企业文化是颇具多样性的，比如：包容、善解、感恩是企业文化的重点，是企业凝聚力的核心。

美国的宝洁公司，从创立以来，其倡导并培育的"应该怎样做就怎么做"和"事在人为"的企业文化理念，至今仍然是宝洁人所遵守的铁律。企业理念不是简单的几句口号，而是一种由领导者倡导，全体员工参与的。

联想集团的刘志军认为，以客户为中心的理念是稳健而有激情的，领导者要给员工空间，激励员工与企业一起发展。

现代企业要发扬团结合作的精神。假如企业理念正确并能贯彻实施，它就会融合员工的理想、精神、作风等，培养和激发员工的集体意识。它还能提高员工的参与感和责任感。

领导者要注重企业精神与企业价值观的人格化，把员工当作事业上的伙伴，价值观是新企业文化的核心。领导者要努力培育员工"荣辱与共"的价值观。

要想企业不被淘汰，只有依靠全员协力，科学经营，利润分享，才能强化企业体质，保障企业生命。

感恩是员工个人成长的重要动力，也应该成为企业文化的"升华"。

浙江新昌制药厂有一个"鼓励人才逃走"战略，他们鼓励员工考硕读博，而且在读书期间发给他们生活费和学费。受过厂里培养的科技人员对企业会有一种情结，这使他们留下终身不褪的心理烙印，他们会用各种方式报效企业。

企业文化是一项系统工程，而且比较复杂。其核心应是"内聚人心，外树形象"。因此在企业文化的建设过程中，一定要做到多学习，多创新，分析过去，掌握未来。

现代企业的竞争已是文化的竞争，最先进的管理理念是用文化进行管理，所以，现代的企业经营者特别注重企业文化的建设，企业文化正成为企业核心竞争力的坚强后盾。

对于企业文化不少人都感觉有些"虚"，觉得企业文化那是个虚无的东西，根本不知道文化建设怎么进行，重点在哪，因此导致了许多企业把企业文化建设与CIS混淆了，到处是标语口号，但企业的文化建设却总是在门外徘徊，根本没有办法提高员工的凝聚力，无法提升管理水平。

大量的企业管理实践表明，企业文化建设的关键是要让文化经历从抽象到具体、从思想到行动、从口头到书面的过程，要与全体员工产生共识，转化为员工的日常工作行为。

企业文化建设要与员工的日常工作相结合。企业在确定了企业文化理念后，就要进行理念转化为行动的过程。在进行理念导入时，不能生硬地灌输，要让员工先结合具体工作进行讨论，事先要搞清楚企业为什么要树立这样的理念，然后是我们每个员工应如何改变观念，使自己的日常工作行为与文化相结合。

在一家港口服务公司的企业文化塑造过程中，管理者先让基层员工自己讨论工作中的问题，再结合企业文化提出改善和提高的方法，最后是自己应该如何工作。通过这种形式的讨论，让每一个员工都明确公司的企业文化是什么，公司为什么要树立这样的企业文化，为什么自己要这么做。

企业文化的建设是长期的，先进的企业员工的表彰要以理念为核心，注重从理念方面对先进的员工和事迹进行提炼，对符合企业文化的人和事进行宣传报道。在一家合资公司中，他们按企业文化的要求施行先进人物的评选，并在公司和相关媒体进行了大量的宣传，让企业员工们都知道为什么自己是先进的，他们的行为是符合公司的企业文化的。这样一来，公司既为其他员工树立了榜样和旗帜，同时也让企业文化的导入变得生动而具体。

企业文化要得到员工的认同，需要加强沟通渠道的建设。管理者要在各沟通渠道进行宣传。比如，企业内刊、各种会议、板报、局域网，都应该成为企业文化理念宣传的阵地，要让全体员工深刻觉悟公司的文化是什么，自己怎么做才符合公司的文化理念。

长远地看，创新企业如果没有强有力的文化支撑，就无法形成自己的竞争力，就难以在竞争日益激烈的市场中立于不败之地。假如员工们不能对公司的文化产生共识，企业就会内耗，尽管每个员工看起来都很有精神，但由于方向或目标不一致，因而导致企业没有凝聚力，在市场竞争中脆弱无力。

 ## "创新"型企业的激励机制

调查显示，中国自主创新型的中小企业内部成员组成中，科技人员的比重普遍低于30%。由此可见，现阶段中国自主创新型中小企业人才缺乏非常严重。

自主创新型企业，指的是主要以自主知识产权或自主品牌为主要竞争力的企业，自主创新是该企业的核心竞争力，同时也是企业赖以生存的根基。而要实现企业的自主创新，则必须以自身的研究开发为基础，将研究开发出的科技成果商品化、产业化，从而在商业竞争中获取相应利益。

科技研发离不开创新型的研发科技人才，他们是创新型企业的核心力量。此类人才基本都具有较高的理论水平，比如科学家或者工程师等。创新型的研发科技人员由于所从事的工作相对复杂、创新性强、科技成果的增值幅度也较大，因此在业界属于抢手"货"，如果企业不能给予其丰厚待遇，建立完善的激励体制，恐怕难以留住这种类型的人才。

人才流失是中国创新型企业所面临的最重要问题。而造成人才流失的原因，除了工资福利，最重要的是没有建立完善的人才激励体制。

完善的人才激励体制，应满足员工的物质需求及心理需求。可是，不管在物质上还是在心理上，员工的需求都各不相同，我们无法制定一个通用的标准进行衡量。因此，为了更好地迎合员工需求，企业对人才的激励方式必须因地制宜、因时制宜，根据具体情况的变化而变化，尽量与员工的需求并轨。

目前，大多数企业激励员工的方式主要还是体现在薪酬方面，即工资加奖金，或者年薪制。薪酬激励的方式与企业短期业绩和经营情况是挂钩的，属于一种短期激励。但很多时候企业领导并不能只看眼前利益，有时还必须为了企业长远发展而选择牺牲眼前利益，而这种选择也会影响到企业内部的激励体制实施标准。

另有很多企业想增强薪酬激励的刺激，但又想节省成本，于是运用了"负激励"的方式，对员工在工作上的失误进行物质上的惩罚，比如扣除工资、奖金或削减福利保障等，有的企业管理者甚至违反法律规定，擅自制定各种过于苛刻的管理条例，对员工进行剥削和威慑，想以"负激励"的方式督促员工。但实际上，长此以往，不仅不能激励员工进步，反而可能导致员工产生负面情绪，让员工在企业中找不到归属感和安全感。如此，员工只要遇到跳槽的机会，必然会果断地离开，造成企业人才流失。

对于现代企业来说，市场竞争就是人才的竞争，人才就是企业的资本，尤其是创新型企业，高科技人才正是其最稀缺的资源，怎么样留住人才，让人才发挥作用，已经成了现代企业管理的最大问题。要解决这一问题，企业管理者首先应该明确到底哪些激励因素能打动创新型员工。

一般来说，创新型企业的人才主要有三类：一是某方面的专业人士；二是具有专业技能的辅助人员；三是中高级管理层。根据国内外的统计，再进行深入研究分析，我们归纳出了以下最能打动这三类人才的激励因素：

1．薪酬待遇

薪资和奖金可以说是最常用最普遍的一种激励方式，同时也是非常适用的激励方式。

2．个人进步空间

创新型人才觉得个人的成长与发展是非常重要的，其重要程度甚至超过对薪资的要求。

3．公司前景

创新型人才属于知识型员工，这类员工在选择公司时都十分慎重，除了考虑个人的物质利益之外，对企业的发展前景也特别在意。

4．工作的挑战性

每个人都有证明自己的渴望，有能力的人，渴望的程度也就越强。而要证明自己，最常见的方式就是征服那些极具挑战性与冒险性的工作。

5. 其他激励因素

在建设企业的激励机制时，可以根据创新型人才的特点和心理诉求，着重在以下四大方面加以考虑：

（1）报酬激励

传统的激励方式基本都是事后奖酬。但现在，很多大企业已经突破了传统方式，转变为根据具体代办事项，从价值创造、价值评价和价值分配三个方面，进行事前、事中和事后三个过程的奖励。

（2）文化激励

创新型员工一般具备较高的智力和学历，这使他们渴望在工作中获得物质的报酬之外，对精神方面的回报也更加看重，如理解、尊重和成就感等。所以，在选择工作时，企业文化同样也是他们着重考虑的因素之一。

（3）组织激励

组织激励就是企业或管理者应该为员工提供一个自主、创新、和谐的工作氛围。

（4）工作激励

工作激励其实就是指企业或管理者应该为创新型人才提供有乐趣和意义的工作机会。

此前说过，创新型人才的一大特点就是他们更加重视自我价值的实现。所以，企业应该给予员工更具挑战性、独立性和冒险性的工作机会。

事实证明，企业之间的竞争，已经不仅是财力物力的竞争，更重要的是人才的竞争。企业要想留住员工，就必须站在员工的立场考虑问题。这样才可能从物质和精神上激发起员工的工作热情，助他们实现自我价值，同时也能让企业在激烈的竞争之中立于不败之地。

"创意"型企业的激励机制

创意来源于边缘产业，专注于精神产品的生产，以满足大众对精神的需求。当今科技发展迅猛，人类的物质形态财富得到了迅速提高，逐渐出现了产品过剩。因此，人们在物质条件得到满足的同时，开始追求精神上的满足感。于是，专注于精神消费品生产的创意型企业应运而生，精神文化产品也逐渐成为影响市场竞争的主导力量之一。

创意型企业的价值创造链大致可以归纳为五大环节：创意产生——创意开发——创意传播——创意消费——创意产权开发。

创意型企业的经营管理方面有两个明显特征：

1. 人才驱动，持续创新

创意型企业的生存条件在于创意，而创意驱动的核心就是创意人才驱动。为了保证核心竞争力，创意企业需要搭建起一个合适的平台，以科学的激励机制，吸引创意人才为自己效力。

2. 敏捷生产，传播至上

美国苹果公司的成功不仅在于其拥有好的创意，更重要的是，他们能将这种创意在极短时间内变成实实在在的产品，并通过快捷有效的传播途径进行传播，让消费者对其产生购买欲。

在苹果公司的成功经验中，我们了解到，创意型产品的价格和价值弹性特别大，不仅与产品的成本有关，而且与消费者的喜好、价值取向以及对该产品的热度和心理期待等方面有关。此外，即使是同样的创意产品，在不同的传播模式和效果作用下，获得的商业回报也是悬殊的。比如不同的影视剧作品，在不同的传播途径中，所得到的反馈都是有差距的。

本质上讲，创意型企业的组织形态实际上就是人的组织，而创意型企业的竞争力则取决于该企业是否已经成功建立有效的制度，并以此集聚人才。根据对创意型企业的了解，以下几点启示可以参考：

1. 优化员工结构，强调专业化运作，提高组织内的协作能力

创意型企业的显著特点就是明确的专业分工。一般来说，创意型企业可以分为三个系统。前台系统有创意构思、消费者偏好把握、生产规划以及传播和销售等；中台系统包括产品的生产制作、传播策略、营销方式以及消费体验等；后台系统则有资源平台、信息管理、知识沉淀以及管理平台等。

2. 未来创意型企业发展的趋势是网络化或建立联盟

目前，中国的创意型企业规模比较小，区位分散，特别是文化创意产业。在激烈的市场竞争中，中小型企业要想提升自己的竞争力，就必须以合作为基础，共同进步与繁荣，由此可见，网络化合作和建立联盟将会成为一种潮流发展趋势。

在建立网络型组织时，需要注意的是经营理念要立足于尊重、和平、共赢。合作共赢才是网络型组织生存的不二法则。在建立网络型组织时，管理者必须严格遵循合作组织与联盟的法律规则，确立参与合作双方的责任、义务和规则，以及约束或惩罚措施等。

3. 凝聚力的建设及组织保障是创意型企业不可或缺的

凝聚力主要有两个方面：

（1）参与合作双方应该有统一的信念和行为准则。

（2）在组织设计之初就需要把"分与合"的问题处理好。

麦肯锡公司是全球咨询行业的老大，从创立之初就做好了明确的远景规划。这家公司聚集了最优秀的年轻人，公司要求员工恪守道德准则，以为客户提供一流服务为己任。在麦肯锡公司看来，公司所有的分支机构都是独立的整体，因此打破了公司的地域分割，将各分支机构统一成了一个紧密合作的新团体。

麦肯锡公司始终认为，内部的合作比竞争更为重要，各地雇员只要是属于麦肯锡旗下，无论身在何处，都是在为公司服务，为公司的每一位客户服务，因此，只要是公司下属机构，无论它提供的是什么服务，公司都会对其负责到底。

4. 激发员工的创意和灵感，建立卓越的知识管理制度

创意型企业是知识型团队中的一种，创意型企业中的知识工作者的知识管理成了该类型团队的核心竞争力。

卓越的知识和管理技能很大程度上提高了知识工作者的工作效率，在学习创新的氛围下，组织和机制都保证了公司创意的出现和产生。企业将这样的管理理念扎进团队，将知识的提高和积累变为公司核心任务，将持续的全员学习任务作为固定制度保存下来。

在创意型企业管理中，特别要注意的是，管理者必须要注重隐性知识方面的发掘、传播和利用。这里的"隐性知识"说的是一些内部资深人士和专家脑海中储存的经验和知识。如果能将这些专家和资深人士的经验和知识集合在一起，经过深入沟通之后，必然能为企业带来巨大的影响。

"创业"型企业的激励机制

那些处于创业阶段，成长快但伴随着高风险的开拓型企业我们一般称其为"创业型企业"。创业型企业一般有三个特点：具备一定的发展潜力、但经济实力不够、组织管理体系不完善。

美国某机构在数年前曾对200家创业型企业做过一项调查，这些企业的CEO最关心的问题是如何为公司寻觅最优秀的人才，再就是怎么样留住这些人才。

创业型企业处于起步阶段，它的发展状况完全取决于公司的发展后劲，而公司的发展后劲则是由员工的能动性和创造性决定的。所以，创业型企业要想在市场竞争中占据一席之地，就必须充分激发员工的工作热情来推动企业，提高企业的整体工作效率，从而实现公司的发展目标。而要做到这一点，企业就必须与员工建立起良好的关系，并激励员工充分调动员工工作积极性，让员工在工作中充分发挥潜能力，为企业创造辉煌的业绩。能否成功激励员工调动员工工作积极性，则正是企业领导做好管理工作的关键。激励可以说是现代管理中最重要最困难的一项技能。

鉴于创业型企业的一般特征，我们可以从多角度、多层次来构建员工的激励机制，努力达到不同类型员工需求，同时又能实现激励措施之间的互补与协调，以获取最大的激励功效。企业管理者一般可以从以下几个方面考虑：

1. 共同愿景

创业型企业短期内在同行业中地位相对落后，评估创业型企业的价值，主要还是着眼于发展前景。为了激励员工向着共同的方向努力，管理者就应引导员工，并为他们设立一个共同愿景，让这个共同愿景成为漫漫长路上的灯塔，指引着企业前进的方向。

2. 激励策略

有了共同愿景后，领导者还必须配合必要的激励措施来促进企业发展。在设定激励措施时，领导者肯定会考虑到物质激励。物质激励是最基本的激励策略，也是最简单直接、最具成效的激励方式。比如高薪酬和高福利，这些都属于物质激励。

物质激励固然重要，精神激励也同样重要。现实生活里每个人都有受到肯定、争取荣誉的渴望，领导者可以在进行物质激励的同时也授予员工荣誉称号颁发证书，让其成为企业员工的标杆和榜样。

还有一种政策激励。这种政策激励可以直观地反映员工对团队或企业的贡献，从而减少其他员工的疑忌，用考核结果来对员工实行嘉奖。这样的方式既能让员工清楚地看到自己的贡献，从而增添完成任务的参与感，也能起到相当大的激励效果。

3. 分权策略

创业型企业规模一般较小，员工人数也少，管理结构相对精简。在具体的日程管理方面，领导者可以考虑适当放权给一些表现优异的员工，激励其更好地为企业服务。这也是创业型企业培养干部的一种途径，可以避免在企业发展壮大期间陷入无人可用的窘境。

4. 员工满足感

创业型企业有自己独特的优势——不可预测的发展前景。由于企业发展较慢，在短期内，很多员工难以有满足感和获得感。因此为了保持员工对企业的信心，领导者应该从其他条件方面增强企业的竞争力，比如尽可能多地引导员工在工作中体味获得感。当员工有了获得感之后，他便会更好地发挥工作职能。激励是一种管理手段，但面对不同的员工，要因人而异，因为不同的激励方式会导致不同的结果。激励没有一种固定模式，更不是高喊的口号所能替代的。

在实施激励机制的过程中，以下几点要注意：

1. 激励机制与企业战略性发展必须相匹配

创业型企业在制订发展计划和战略目标时，根本目的是为了让企业朝着正确的方向前进。而企业激励机制的建立则是为了鼓舞员工更积极更投入地工作。所以，激励机制与企业两者必须达成默契，使企业的员工激励机制与企业的其他战略性规划相适用。

2. 建立有效的沟通机制

创业型企业在一段时间内，通常不具备提供高报酬或高福利激励的能力，所以较难获得员工的忠诚度。企业因为这种客观条件的限制，只能以未来愿景为重点来激励员工，比如未来可能达到的收益、规模等等。这就要求企业与员工之间必须有一种沟通机制，以方便彼此之间的交流，同时也方便企业为员工解惑，使员工对企业未来的愿景充满信心。

3. 根据企业的发展需求，激励机制也应有所变化

创业型企业是会不断发展壮大的，它的外部环境瞬息万变，企业内部的经

营情况等也变化不断。随着企业的这种变化，员工的期待和回报需求也会跟着相应地发生变化，所以，企业的员工激励机制也应随之改变。

 ## "人力资本密集"型企业的激励机制

人类社会进入知识经济时代后，人力资本的重要性已凸显，人力资本密集型企业应运而生。人力资本密集型企业对员工进行有效的激励控制已经成为所有企业的一项重要内容。

人力资本密集型企业想要建设有效的激励机制，以下三方面内容不可或缺：

1. 经济利益永远是激励机制的核心内容

1998年，里昂的八国经济管理研究会议的与会专家们达成了一个共识，即人的工作表现主要取决于：利益、信念和心理状态。这三大因素中利益最为重要，由此可见，在以人力为核心资本的企业中，物质激励依旧是激励机制的核心内容。

从物质方面着手，可以从下面两个方面进行企业激励机制的建设与改革。

（1）薪酬福利制度的改革

薪酬福利制度的改革可以从这三点进行：第一点是对同级的员工，依据表现进行不同档次的工资分配；第二点是为员工提供超过同行业平均水平的薪资；第三点是重资鼓励技术创新的员工和向企业提出科学建议的员工。

（2）员工持股计划

企业可以建设企业内部的员工持股计划。美国前500强企业中，超过90%的企业实行了员工持股制。员工持股制度一方面能激励员工努力工作，提升企业竞争力；另一方面也可以防止员工突然离职。当员工持股后，他的付出与收获之间就挂上了钩。企业的成败直接关系着员工利益。

2. 给予员工一定的权力和地位，在精神层面给予员工一定的激励与满足。

（1）以"心灵契约"留住人才

人才流动能为企业带来新鲜感，促进企业的发展。但如果人才流动过于频繁，就会导致企业人才外流，企业利益受损。所以，如何保持内部结构稳定、最大限度地留住人才，是人力资本密集型企业对内管理的一项非常重要的任务。

要想留住员工，管理者就必须激发员工对企业的忠诚度。企业想得到员工的忠诚，就必须首先对员工表示忠诚。企业对员工表示忠诚最直接的方式之一，是给予员工一份终身雇用的承诺。

但如今终身雇用制度已经与经济大环境越来越格格不入，新的雇用契约开始成为维系企业与员工之间的新纽带。

现在很多企业与员工之间都达成了这样一种共识：你愿意长久为公司的发展做贡献，公司也将会长久为你提供成长进步的机会。

这实际上就是一种"心灵契约"，这份契约现实可行，既不会限制员工，又能帮助员工不断进步，让员工在为企业创造价值的同时，也能得到自我成长。

（2）充分利用人力资本的价值

人力资本是企业的核心资源。要充分利用人才，把他们安排在最适合他们的岗位上。企业可以进行内部公开招募，让这些人才接受多方面的训练，并在实际工作中发现最适合自己的岗位。此外，对于出色的人才，企业还可以为其"量身定制""人尽其才"，为企业带来效益。

（3）重视员工的未来发展空间

目前来说，我国很多资金力量有限的中小型企业，都容易进入一个误区，即对待人才"只使用，不培训""只管理，不开发"。这种做法对员工是不负责的，对于企业来说是弊大于利。企业因此而失去发展后劲，最终只能被市场所淹没。员工对企业的忠诚是需要回报的，如果企业能重视员工的未来发展空间，员工与企业之间才能建立起合作关系，彼此才能相互回报。

3. 从企业文化层面进行激励

企业文化在激励机制中发挥着巨大作用。企业如能做到"以人为本"，必然能对员工产生巨大的激励作用。

（1）尊重员工的人格

人力资本密集型企业通常都是科技型企业，其员工都拥有高智力和高学历，他们除了对物质利益有高要求，对精神体验也有较高的要求。因此，在与这类人交流沟通时，管理者应该有尊重其人格的意识。从法律上来说员工与企业是雇佣关系，双方的地位应该是平等的。管理者只有切实做到尊重员工的人格，员工才会有获得感和认同感，自愿保持与企业长久合作。作为企业管理者或领导，一定要明确这一点。

（2）创新自由的工作氛围

要想成为卓越的企业，就必须有独特的创新文化。好的文化并不一定要特立独行，但一定要让人感到舒服，愿意接受。在工作中，企业应该给予员工自由发挥的空间，并允许员工按照自己的意愿安排自己的工作方式。作为领导，其主要任务就是为员工设置工作目标，至于如何达成目标，则应交由员工自行决定。领导应该尽力配合员工，给予其物质和精神上的双重支持。这样才能最大限度地激发员工的潜力，才能让员工产生对企业的归属感，从而奉献忠诚之心，尽最大努力发挥自己的聪明才智。

"劳动密集"型企业的激励机制

我国中小型企业中最普遍的类型就是劳动密集型企业，这类企业雇用非正式员工最多。在吸纳农村劳动力方面，该类型企业功不可没。初步调查显示，怎样把握非正式员工的激励机制问题，成了影响此类企业长远发展的关键点。

劳动密集型企业在雇用员工方面，看重的是低廉的人工成本，而不是员工的个人素质。根据这一情况，当前中国劳动密集型企业的经营特点一般可分为以下四点：

第一，以家族式管理为主。

第二，对属地农民进行招聘。

第三，生产效率低。

第四，产品附加价值不高，没有特定稳固的销售渠道。

劳动密集型企业主要以雇用非正式员工为主，所以，真正影响到其生存与发展的，是非正式员工。因此，劳动密集型企业要想建立激励机制，来促使这些非正式员工为企业做出贡献，我们首先要明白这些非正式员工有什么特点和诉求。

第一，这些非正式员工流动性强，离职率偏高。

第二，金钱利益是他们的最大目的或最终目的。

第三，非正式员工与企业之间一般都不存在稳定的劳动关系。

第四，薪资方面弹性大，没有固定收益。

第五，职业发展潜力小，基本上没有什么职业发展前景。

根据这些情况，以下几点对劳动密集型企业在建设激励机制方面能提供一些帮助。

1. 薪资水平是最大的激励

非正式员工最大目的就在于赚钱，从工作的第一天开始，非正式员工的心里就有这样一种强烈的期待："我一个月或者一天可以挣多少钱？"所以，要想招聘这些非正式员工，最有效的方式就是丰厚的劳动报酬。

调查表明，在劳动密集型企业中，最能激发员工工作热情的就是计件工资方案。计件工资乍一看对于员工而言似乎非常公平，但实际上，里面猫腻很多。在有限的利润空间内，这类企业老板一般会采用压低单位时间内的薪资，或提高单位时间内的产量定额获取最大利润。计件工资方案最核心的问题在于计件单价的设置是否公允。

2. 对员工进行成长性教育，让员工看见企业的发展远景

实际调查显示，这类企业除了薪资之外，员工最看重的还是企业的发展远景。而随着社会的发展，青年农民工也与老年农民工存在巨大不同。尤其是青年农民工，其素质较过去有了质的飞跃。所以，他们越来越看重福利报酬和公司发展远景等。

3. 以良好的工作环境吸引员工

工作环境其实也属于企业的软性福利。工作环境的好坏，实际上也变相反映了企业的综合实力和人文关怀。

4. 提高企业管理者自身素质

当前中国大部分劳动密集型企业的管理者素质都不高，尤其是在对待员工方面，经常高高在上、盛气凌人、语言粗鄙。这种现象在该行业内非常普遍。每个人都希望得到别人的尊重。如果企业领导能平等地对待员工，给予员工春风般的温暖，就能获得员工的忠诚和支持。

5. 非正式员工的职业规划

每个人都需要有职业规划，相信没有任何人会对自己没有前途的工作感到满意。

非正式员工的流动性很强，经常跳槽，随意调换工作单位，但这种状况并非完全出自他们的本意，而是社会逼迫他们做出的无奈选择。每个人都渴望得到一个适合自己、能稳定地长期发展的职位，非正式员工的这种渴望比一般人更强烈。所以，如果管理者能主动为他们制订职业规划，并对他们进行培训指导，满足他们的职业发展渴望和意愿，相信他们会最大限度地为企业努力。

6. 设立非正式员工的"个人目标"

目标是组织和个人共同的奋斗方向。在工作中，企业和个人实际上都是在追求利益和价值，在这个过程中，不可避免地会出现一些无法调和的矛盾。为了避免这一状况的发生，在雇用之初，企业就应该根据自身目标，引导非正式员工设立与企业目标相符的个人目标。

7. 创建让员工产生归属感的企业文化

当员工的价值在企业中得以体现，并获得归属感时，他们一定会感受到企业对员工的尊重和关爱，而这也将增进员工与企业之间的感情。

02

因材施教，像做老师一样做老板

——以人为本的激励原则

激励之前，深入了解每个员工

麦肯锡公司是全球领先的全球管理咨询公司，1926年成立于美国。麦肯锡在全球40多个国家有80多家分公司。麦肯锡目前集结了近万名优秀的咨询管理顾问，他们分别来自于近80个国家，均取得世界著名学府的高等学位。这些专家个个才华横溢，但却对麦肯锡俯首称臣，主要原因之一就是麦肯锡深入了解每一名员工，对他们每个人能够明察秋毫，关怀备至，使他们心甘情愿、忠心耿耿地为麦肯锡贡献终身。

麦肯锡认为，依靠权力和制度简单地要求员工为公司做事，不会调动员工工作的积极性和创造性，使员工的才华不能得到充分发挥。因此，要想最大限度地调动每一名员工的工作积极性，发挥他们的潜力，就需要尊重每一名员工，营造相互尊重的氛围，关心他们，看看公司能为他们做点什么，能为他们的成功做点什么。而要做到这些，就必须深入了解每一名员工。

麦肯锡认为，要想激发员工的敬业精神，就要点燃他们的工作激情；要想点燃他们的工作激情，就要想方设法让他们吐露自己最真实的心声，讲述他们自己的故事。作为高管，要仔细倾听他们的诉说，与他们进行推心置腹的交谈，告诉他们麦肯锡就是他们实现自己抱负和施展自己才华的最理想的地方，以此感动和鼓励他们为实现公司的使命而努力奋斗。

因此，作为麦肯锡的高管，总是在恰当的时候，选择合适的地点，如工作时间之外可以到高尔夫球场，或者选择一个环境雅致的咖啡馆，也可以上班时间在办公室，单独约每一名员工沟通交流。

当对每一名员工进行深入的了解之后，就会发现此举有助于调动和激发他们工作的积极性和创造性。深入了解每一名员工之后，就会发现员工与员工之间是完全不一样的，每个员工都是独一无二的。即便是有着相似的观点、想法，甚至做过同样事情的员工，他们也是有差别的。例如，有些人喜欢安静不被打扰，有些人喜欢热闹；有些人想得到赞许，有些人想得到尊重；有些人想自我管理，有些人想团队合作等等。了解这一点非常重要，麦肯锡认为，了解了每个员工之间的差别，公司就能够尽最大努力为他们创造出适合他们各自特点的舒适的工作环境，帮助他们每个人取得更大的成就，就能够想出让每个员工都积极行动起来的办法，从而为公司创造出更大的生产效益。

由于每个人的志向不同、理想不同、奋斗目标不同，因此他们工作的兴奋点也不相同。麦肯锡认为，公司需要了解每一名员工的兴奋点，因为利用他们各自的兴奋点可以推动他们的工作，实现公司肩负的使命。

其实，每个人都有自己的故事，甚至是一个传奇故事，这些故事可能包罗万象，如关于学习、勤奋工作、追求梦想、发现人生目标、做出过的巨大牺牲、击败对手、挽救家庭或者挽救自己。

对于多数人来说，工作在他们的个人传奇故事中扮演了极其重要的角色。身为管理者需要了解员工的兴奋点，这样你就可以用这些兴奋点来推动他们的工作，以实现公司和部门的使命。让你的员工有机会多讲述他们丰富多彩的传奇故事，也让他们多谈谈工作是如何与生活紧密相连的，你会惊讶于每个员工对于这种联系有各自不同的看法。员工的故事会启发你怎样帮助员工利用工作实现他们的梦想。他们每个人的自我认知都有令人敬佩的一面，这个自我认知可以驱使他们不断奋进。你要知道员工的自我认知是什么，并了解他们的自我认知是如何与公司的目标相联系的，这可比任何用薪水、升职机会和物质奖励所得到的敬业精神都更长久。

管理者需要在恰当的时候单独约见每一名员工，让他们说说自己的故事，这些才是员工的心声。但有些管理者总是把这个对话错误地变成一大堆可以量化的调查意见。调查也许很重要，但调查不会点燃员工的工作激情和兴奋点。你一定看过很多关于"做自己喜欢的事"的书，但你什么时候见过关于"填好调查表，利润就随之而来"的书呢？

管理者要让员工知道公司就是实现他们终极理想最好的地方，以鼓励他们实现公司的使命。想要真正让员工敬业，就要首先点燃他们对工作的激情；想要真正点燃员工的激情，就要首先让他们说出自己最真实的心声和故事。

 付出型员工："我需要工作之外的个人空间。"

助人为乐是付出型员工的基本特点，这类员工自我满足于乐于奉献的行为中。他们乐观慷慨，将为别人创造价值看作是实现自我价值的途径。

舞台上耀眼的明星并不值得佩服，那些搭建舞台的幕后团队才是值得尊敬的。他们是工程师，是智囊团，也是最低调的一个团体。企业中同样也存在着这种团队，这种团队就是由我们通常所说的"付出型员工"组成的。这些人乐于奉献，不计名利，任劳任怨。

付出型员工一般性情温和，多数性格比较内向，从不给他人增加麻烦。在企业里，他们如同后勤部队一样，默默无闻地奉献着。可是，这种员工创造力相对弱一些，习惯按部就班，不喜欢改变，对人对事也很少有主见，属于比较平庸的群体。

虽然付出型员工在工作能力方面显得比较平庸，但这并不是说他们对企业没有贡献。企业就像一台运转的机器，除了机器运行的核心组件之外，也不能缺少那些螺丝钉，一台机器只有每个零件都完好无缺，才可能正常进行运转。企业也是这样，既不能缺少才华横溢的优秀员工，但也需要在上级安排下按照规章制度开展工作的付出型员工。

　　此前说过，付出型员工会积极地为他人牺牲奉献，他们以此获得一种自我满足。其实，这透露出他们是缺乏自信和自我认同感的，他们往往希望从别人的需求中寻求认同感。作为管理者，对这类员工应该多鼓励，帮助他们培养自信。

　　因为付出型员工缺乏主见，所以在安排工作时，这类员工能不能发挥出最大职能，往往取决于管理者的安排是否恰当。有人说过："宝贝放错了地方，就可能变成废物；即使放对了地方，却不能好好加以利用，那么同样还是废物。"每个员工都有自己的闪光点和优势，重要的是所处的位置是否有利于他的优势的发挥和闪光点的闪现。尤其是付出型员工，要想发掘出他们身上的潜能，开发他们身上的价值，关键是要能为他们提供一个合适的平台，这是企业管理者必做的工作之一。

　　有这样一则寓言故事：

　　在一个大庄园里，蜘蛛、壁虎、蜻蜓和青蛙都在里面工作。夏夜蚊子很多，嗡嗡声不断，还咬庄园的主人，主人非常气愤，就吩咐蜻蜓、青蛙、蜘蛛和壁虎赶紧处理掉这些讨厌的蚊子。

　　于是，它们四个在一起商讨对策，并明确分工：壁虎和蜘蛛负责清除后院的蚊子，蜻蜓和青蛙负责清除卧室里的蚊子。

　　明确责任后，它们立即开始了工作。壁虎和蜘蛛去池塘边准备清除后院的蚊子，可是，壁虎害怕水，因为它不会游泳，担心会掉进池塘里淹死。蜘蛛胆子大一些，慢慢靠近池塘边结网捕捉蚊子，可网还没织完就被水给浸坏了，蜘蛛来来回回织了几次都失败了。于是，它们只能眼巴巴地看着蚊子嗡嗡地到处乱飞。

蜻蜓和青蛙它们也遇到了难题。虽然蜻蜓和青蛙从地面和空中对蚊子进行封锁，但讨厌的蚊子实在狡猾，藏在房顶的黑暗角落里，让青蛙和蜻蜓什么办法也没有。

看到这种情况，庄园主人大怒，狠狠地责骂它们一顿之后，把蜻蜓、青蛙、蜘蛛和壁虎赶出了庄园，于是它们四个就失业了。

蜻蜓、青蛙、蜘蛛、壁虎本来都是捕蚊能手，可它们捕蚊行动全都失败了，为什么？因为它们没能给自己一个准确的定位，没能站在适当的平台，因此无法施展自身具备的本领，结果是劳而无功，做不出任何成绩。如果它们调换一下工作安排，让结网爬墙能手蜘蛛和壁虎到卧室工作，让游泳能手青蛙和飞翔能手蜻蜓到池塘边工作，那么结局必然不是这样的。

企业里的员工本身也是各具特长和优势，而这些特长和优势能不能得到恰当的发挥和灵活运用，则在于他们能不能准确定位自己。作为企业管理者，当你觉得手下的员工毫无特长和优势时，或许应该思考一下，究竟真的是他们一无是处，还是他们缺少适合的位置？

付出型员工是最不起眼的群体，同时也是最踏实肯干的群体。他们讲奉献，肯吃苦，那些无人问津的工作，几乎都是他们在承包。

对付出型员工，管理者应该给予更多的关注和激励，努力帮助他们寻找合适的位置，让他们拥有自己的发展空间，为企业做出贡献。

冒险型员工："成长机会重于一切。"

冒险型员工通常具有野心，勇于突破自我，敢于挑战。在工作中，他们更渴望得到升迁机会。他们爱好冒险，不甘平庸，注重体验，常有出人意料的表现，但同时风险系数也高。

企业在发展过程中，冒险型员工担任着先锋角色，在企业中发挥着举足轻重的作用。他们对新鲜的事物充满兴趣，极富冒险精神。

冒险型员工特别看重的是自己的工作目标或任务是否能为其带来发展机会，是否能突破自我，挑战自我。这种刺激感常常能让冒险型员工感到满足。

英国某公司销售部的部长奥利弗是一名典型的冒险型员工，此人精明强干，才华出众。奥利弗工作十分积极，尤其在面对困难时从不退缩，深得领导的赏识，同事也都对其佩服得五体投地。然而，奥利弗却在事业春风得意之时毅然辞职了，这让众人很迷惑。

后来有人从奥利弗的一位朋友那里获悉，原来当时奥利弗的总公司人事部门曾多次表示想提拔他，但奥利弗的直属上司非常赏识奥利弗，不肯轻易放人。

后来，当奥利弗的这位直属上司调离后，第二任上司又来了。这时总公司人事部门再次提出了对奥利弗的调动建议，但这位新上司担心刚上任工作无法展开，故而希望留下奥利弗做自己的帮手，于是奥利弗只能留了下来。

后来，同样的事情又上演了数次。随着时间的推移，奥利弗开始不甘心了，工作也不再有热情，以致在工作中犯了错误，最终引咎辞职。

在任何一家企业中，让员工长期处在一个岗位对企业是不利的，尤其是对优秀的冒险型员工，那样只会导致其消极工作，丧失工作热情。

想要留住员工的企业，最关键还是在于领导者能不能为员工提供机遇。而冒险型员工，他们最适合成为企业的先锋军，他们最在乎的是机遇。

职场中的跳槽现象非常普遍。按常理，员工跳槽往往是因为福利和更高的薪资。但如果你细心观察，你一定会发现，一些人薪资高，福利好，工作轻松的人，也会跳槽进入收入和福利等都相对较低的一些企业工作。某机构曾对此开展了一项调查，结果显示，在这些选择跳槽的人中，40%以上是因为没有晋升机会而选择跳槽，25%是因为业绩没被肯定而选择跳槽，只有15%的人是因为薪资问题选择跳槽。

对于冒险型员工来说，真正能打动他们的，是工作成就和发展前途等因素。

来看这样一个故事：

李先生经营一家网络公司，在年底庆祝丰收之时，没想到，公司竟然有7名员工同时请求辞职。在这7名员工中，有4名刚进入公司没几个月。李先生对此很费解，虽然年轻人跳槽频率高早已是职场中的通病，但李先生自认为公司已经为员工提供了相当不错的薪资、福利待遇，为什么他们还要辞职呢？

吴林是7名提出辞职的员工之一，进入李先生公司刚一年，工作表现很棒，李先生一直很欣赏他，可是没想到，他也要辞职。

接到辞职信后，李先生找来吴林交流了一番，一开始，吴林只以家事、要考公务员等托辞为由，后来在李先生的再三追问之下，吴林才坦陈了真实的原因："我挺喜欢这份工作，我自认为我还是很有能力的，也做出了一定的成绩，但每当有晋升机会时，公司总是优先考虑老员工，虽然我进公司晚，但不代表我的能力比他们差。总之我觉得在这里干没意思。"

职场中普遍存在一种现象，就是将晋升机会尽量留给老员工。这主要有两个原因：一是老员工做的贡献多，且工作也较为稳定；二是老员工工作经验丰富，对公司业务非常熟悉。当然，也会有一些敬老的成分在里面。其实，这样对于企业的发展来说并不好。从心理学角度来说，大部分年轻员工都是冒险型的，他们有朝气，敢于挑战，他们渴望证明自己，于是积极地争取晋升机会。假如这种追求长期被压制，他们的工作热情就会受挫，最终就会像吴林那样选择跳槽。

作为企业管理者，应该纠正错误观念，建立起一套科学合理的晋升制度，让新老员工都有晋升的机会。

公平、合理的晋升制度，不管对于企业还是员工来说，都具有积极意义。优秀员工可以获得与其能力相匹配的机会和职位，企业也可以择优录用。

 ## 忠诚型员工："给我百分之百的信任。"

忠诚型员工的团队意识极强，做事谨小慎微，不轻易相信他人，但他们比较迷信权威，且安于现状，喜欢群体生活。忠诚型员工忠于自己的团队，同时也渴望被信任和接纳，融入团队往往能满足他们内心对安全感的需求。

在社交中，人们往往容易根据与他人的亲疏关系来判断是否接受他人的某些观点及立场，甚至可能因为关系亲密而对对方的错误观点或缺陷视而不见。

心理学把这种现象被称为"自己人效应"。在职场中，尤其是在忠诚型员工身上，"自己人效应"更是体现得淋漓尽致。

忠诚型员工在职场中乐于进行团队合作，但这并不意味着他们容易相处。忠诚型员工非常容易根据个人主观来做出决定，他们往往迷信和崇拜权威，心甘情愿成为权威的追随者。与此同时，他们的性格中又掺杂着怀疑和提防，总是与他人保持一种安全距离，特别在意别人对自己的看法，所以，要想得到忠诚型员工的信任是一件比较难的事。可是，一旦你赢得他们的信任，他们将会成为你最忠诚的追随者。

忠诚型员工在社交方面缺乏安全感，他们既怀疑又忠诚，既主动又保守，这实际上都暴露了他们渴望被他人接纳、信任的需求。要想赢得他们的忠诚，最有效的方式是让他感受到你对他的信任，以及对他的关怀，跟你建立一种亲密的关系，以满足他们内心对安全感的需求。

这里有一个古代的故事，大家一定能从中受到启发：

战国时期，魏国魏文侯派遣大臣乐羊带兵讨伐中山国，但乐羊的儿子乐舒效力于中山国，所以，魏文侯的决定遭到了大臣们的反对，大臣们据此一致认为，乐羊此去定不能竭心尽力放开手脚。魏文侯听了以后却不以为然，坚持派遣乐羊征讨中山国。

乐羊抵达中山国后，根据战况分析，对比了敌我的实力，分清了形势，决定采取围而不攻的策略。魏国得知后，大臣们一片哗然，相继上书弹劾乐羊，认为他心存顾虑，有意拖延时间。但魏文侯却置若罔闻，反而让人带着礼物到前线慰问三军将士。魏文侯甚至下令给乐羊建了一座豪华的宅院，以表示对乐羊的信任。

后来事实证明，乐羊的攻城计划是正确的，他率领魏军以最小的伤亡代价成功拿下了中山国。当乐羊凯旋时，魏文侯为他大摆庆功宴。在宴会上，魏文侯把一个密封的箱子赐给乐羊，箱子里装满了弹劾他的奏章。看到这些以后，乐羊大为感动：原来魏文侯一直对自己深信不疑，不为反对之声所动。自此以后，乐羊对魏文侯更加忠心，辅佐其成就了魏国霸业。

在这场战争中，乐羊处境尴尬，魏文侯的心里难道不曾怀疑，不曾动摇过吗？魏文侯对乐羊可能产生过动摇，魏文侯也很可能怀疑过自己的决定是否正确。魏文侯非常聪明，也深谙人心。魏文侯知道，无论自己对乐羊有多怀疑，也绝对不能表现出分毫，他唯一能做的，就是对乐羊表示信任和支持。结果证明，魏文侯的决定是正确的。

中国有句古话叫"用人不疑，疑人不用"，身为领导者，充分信任自己的团队和员工是迈向成功的第一步。没人会愿意为一个怀疑自己的人努力工作，极度缺乏安全感的忠诚型员工更是如此，怀疑只会将他们越推越远，而如果你加以信任，对他们委以重任，反而更能激发他们的斗志，获得他们的忠诚。

信任是企业最好的投资，但信任绝非无条件的，盲目的信任往往可能为你带来灾难。在管理中，可能存在不信任的监控，但绝不可能存在毫无根据的信任。作为管理者，要想激励员工，赢得员工的忠诚，调动员工工作的积极性，信任确实不可缺少，但同时，管理者或领导者也绝不能没有丝毫的警惕，毕竟人心隔肚皮，你永远不知道对一个人的信任到底会让你获得丰厚的回报还是灾难。

英国巴林银行对新加坡分行的管理者倾注了绝对的信任，而结果却是整整三年的假账和巨额亏损，最终巴林银行宣告破产。

职场中的信任并不是绝对安全的，适度的监控必不可少。但在监控时，管理者要注意两个重点：一是跟进要及时；二是要注意适度。管理者要明白，在跟进时，你需要做的是给予员工鼓励，而不是事必躬亲，对员工指手画脚。

适度的监控是管理者对工作重视的表现，也只有在健全的制度下，信任才可能成为领导与员工的良好纽带，领导才可能做到疑人不用、用人不疑。

 成就型员工："请夸奖我！请表彰我！"

成就型员工一般性格外向，善交际，渴望事业成功，渴望得到他人的关注。成就型员工实现人生价值的方式是对成功的追求，以此获得社会认可。他们通常会成为工作狂人，为了名誉、财富和实现目标而放弃或牺牲个人家庭生活。

作为企业管理者，成就型员工无疑是他们的首选类型，因为成就型员工一般都是工作狂，并且有事业野心，在追求成功时态度超常坚决，这样的员工总能为企业创造奇迹。

声望、地位、荣誉、事业，都是成就型员工所追求的东西，通过获得这些，他们能得到前所未有的满足感，这也是成就型员工实现自我价值的一种方式，同时也是一种寻求肯定的方式。

成就型员工本身就是积极进取的人，适当地给予他们激励，往往能收获丰厚的回报。而成就型员工的"激励点"也是所有类型员工中最明显，最直接的。

1. 对成就型员工最直接的肯定——公开表扬

赞美和表扬可以说是一门管理艺术，合格的领导人都要懂得适时运用赞美的艺术。而公开表扬则是赞美这门艺术中最激励人心的方式。在公开场合对出色的员工提出表扬，不仅是对员工最大的肯定，也能提升员工的荣誉感，进一步激励其努力工作。

成就型员工在工作上渴求他人的认可和表扬，所以，当他们取得一定成绩时，管理者宜在公开场合对其进行表扬，这无疑是对他们最直接的肯定。但公开表扬同时也存在着一个弊端，因为很可能会引起其他员工的不满和嫉妒，导致其他员工情绪消极，激化企业内部矛盾。因此，在对员工进行公开表扬时，一定要注意这几个细节：

（1）表扬要有依据

领导者公开表扬员工时，要有理有据，通过具体的事和成绩进行褒扬，以使其他员工无话可说，心悦诚服。

（2）切忌褒此贬彼

很多领导者在公开表扬优秀员工时，习惯对其他员工顺带进行"批评教育"，这种做法实际上是非常不可取的。其实在表扬某名员工时，已经对其他员工造成了一定的心理影响，如果此时再批评教育其他员工，就如同在这些员工的伤口上撒盐。如此一来，就可能伤害到他们的自尊心，从而激化员工之间矛盾，瓦解企业的凝聚力。

（3）适可而止，把握分寸

在公开表扬某位员工时，一定要顾及其他员工的感受，需要适可而止。不管你对该员工有多么喜爱，也一定要把握尺度，考虑其他员工的心情。在对个别员工进行表扬后，也可适当地对全体员工进行表扬，毕竟不管什么样的成绩，都不可能只是个人努力的结果，集体的贡献也是领导者不可忽视的。

（4）不以个人好恶评定员工

每个人都有自己的好恶，作为管理者，自然也有自己较为偏爱或亲近的员工。在表扬他们时，管理者一定要坚持公平公正的原则，不能只凭自己的好恶。

2. 让成就型员工感受到自己的重要性

人在群体中都有一种地位需求。因此，不管什么人，都希望自己能在群体中占据"一席之地"。

当你希望员工工作勤奋，当你希望提高员工工作积极性时，不妨给予他一定的地位，此举将会带给他自信、被欣赏感以及一种发自内心的责任感。

这里所说的"地位"，并不是某种职位，它可以是一种头衔，这个头衔虽然不是实在的职位，但它是一种对员工的肯定。比如，当你想激励一名优秀员工时，你可以对他说："你工作非常认真，有责任心，有技术，可以说是公司的中坚力量，希望你能指导并带领其他员工好好干!

这种"赞美"其实是虚无的，并没有给予该员工看得见的利益，但却肯定了该员工在所有员工中的地位，这无疑是对他最大的肯定与激励。

3. 向成就型员工请教问题是对其能力的最大赞美

每个人都有自己的特长和不足，即使你是管理者或领导者，也不代表能面面俱到、无所不知。

在面对专业技术问题时，领导者应该端正自己的心态，学会不耻下问，在遇到不明白的问题时，敢于向员工请教。这样不仅能积累知识和经验，还能拉近与员工的距离。更重要的是，这意味着在无形中对员工的能力进行了赞美，能给予他们极大的激励和满足感。

活跃型员工："我只做有乐趣的工作。"

活跃型员工性格热情，喜欢跟潮流，相比工作报酬来说，他们更喜欢精神上的快乐。这类员工精力充沛，追求新鲜，熟悉玩乐，且乐此不疲。所以，轻松快乐的工作氛围往往比高薪和权力更吸引他们。

活跃型员工与成就型员工截然相反，活跃型员工始终坚持一种观点：工作是为了更好地生活。所以，他们不会将大部分时间投入到工作中，而是会尽可能地享受或安排自己的私生活。虽然活跃型员工不可能将自己的大部分时间和精力放到工作中，但他们灵活的头脑和在工作中的活跃能力也让他们在企业中占据了特殊的地位。

活跃型员工的特质决定了他们抗压能力比较差，这类员工往往容易感到挫败，从而导致情绪消极，甚至逃避问题。在他们眼里，无论多么可观的薪酬和前景，都不如快乐重要。因此，轻松快乐的工作环境或氛围、充满人情味的企业文化，才是吸引活跃型员工的关键。

美国凯姆朗公司一开始只是一家很小的服务性公司，只有五个工人和两辆汽车，主要业务是承接为住宅提供草坪修剪和喷药的工作。但15年以后，凯姆朗公司达到了3亿美元的营业额，堪称商界神话。凯姆朗公司到底用什么魔法留住员工的呢？这不得不说到该公司对员工的人文关怀了。

凯姆朗公司老板杜克是一个非常和气的人，杜克一直对员工关怀备至。为了防止员工饿了影响工作，他会给员工准备点心，就连员工生病时他也会亲自探望。

杜克曾向员工承诺：即使整个行业都不景气，凯姆朗公司也绝不会轻易裁员。

有一次，一名新进公司的员工的父亲去世了，杜克知道后，带着公司所有人一起帮忙为该员工的父亲料理后事，葬礼结束之后，杜克还亲自将该员工的母亲送回家。杜克的所作所为让该员工万分感动。该员工表示："在凯姆朗公司，我能感受到了浓浓的人情味，这让我很快乐。从那时我就下定决心，为了老板，我愿意牺牲生命！"

凯姆朗公司的成功离不开员工的付出和对企业的忠诚，而凯姆朗公司之所以能获得这一切，离不开杜克对员工的真诚关怀。无论哪家企业，其经营的最终目的都是获取利益，睿智的管理者懂得在获取利益的同时，对员工展开"情感攻势"，给予员工心灵和精神上的满足感。

企业管理中最活跃同时也最有效的管理方式就是感情管理，领导者如果能与员工进行精神思想上交流以致统一，企业团队的凝聚力就会得到增强，员工对企业的忠诚度也会提升。

员工不是机器，而是活人，但凡是人，都是有感情的，都渴望得到心灵和精神上的慰藉与关怀。薪资待遇和晋升福利，这些物质条件能激励员工努力拼搏，勤奋工作；而人文关怀则是管理者为员工提供的"柔性"管理，这种管理模式能让员工对企业产生依赖感，从而自觉自愿地为企业付出。

在人文关怀的影响下，公司对于员工来说是第二个大家庭，作为"家庭成员"，无论从感情上还是从理性上来说，员工自然都会为自己的"家"做出无私奉献。

无论大小企业，都应该重视对员工的人文关怀，领导者更要懂得以人为本，关爱员工，让员工感受到集体的温暖和工作的快乐，从而激发起员工的集体荣誉感。

1. 请学会微笑

微笑是缩短人与人之间距离最有效也最快速的方式，有了笑，人类的感情就沟通了。微笑虽然不能替代有效的管理制度，但微笑有超越一切管理制度的威力。在社交中，微笑能给人留下温和的印象；在管理员工的过程中，微笑能拉近上下级的心理距离。作为管理者，面对员工时，要学会微笑。

微笑可以说是所有激励方式中最方便的方式。微笑应该发自内心，只有这样的微笑，才能将乐观积极的情绪传递给每一名员工，让他们轻松工作，为公司创造价值。

2. 员工的生活状况要去了解更要关心

作为企业领导，应该关心员工的工作情况，同时也应该关心员工的生活状况。员工的生活影响着员工的工作情绪，从而影响员工的工作效率和质量。

在惠普，领导从来都不会让员工在周末加班。他们认为，员工的休息时间和工作时间同样重要。甚至在某些时候，惠普的领导宁愿牺牲工作时间，以满足员工的愿望。在他们看来，当员工心中渴望做某件事时，如果不让他去，他很难静下心来工作。干脆让他去做想做的事情，做完了再回来工作，这样他就能全情投入，工作效率也会高得多。

3. 提供舒适的工作环境和工作条件给你的员工

工作环境与条件直接影响到员工工作时的心情，环境好了，心情自然也会更加舒畅，工作效率才能提高。活跃型员工特别看重工作环境和条件，优越的环境总能使人心情愉悦。

完美型员工："希望大家认可我的进步。"

完美型员工通常个性比较严谨，原则性强，对自我要求很高，脚踏实地，做事有条不紊，追求质量，注重效率。但完美型员工通常有个缺点，就是略显高傲，喜欢指责和批评别人。

能保质保量提供工作成果的人才，通常都是完美型员工，他们属于完美主义者。在社交方面，完美型员工通常都表现不佳。

在跟完美型员工交往时，很多细节应该小心谨慎，要不然你可能会撞上他吹毛求疵的枪口。

第一，从价值上来说，完美型员工是企业的"财产"，所以，对于完美型员工，领导应该给予足够的重视。

第二，完美型员工大多比较敏感，易受外界影响，易受伤害，从而陷入负面情绪，降低工作积极性。因此，当领导要批评完美型员工时，应注意语气措辞，以免影响他的工作成效。

第三，在跟完美型员工沟通时，不能粗心大意、邋遢混乱，完美型员工向来无法忍受这种情况。所以，作为领导在管理他们时，应尽可能表现出你的有条不紊、逻辑性强的一面。

第四，完美型员工往往因为对工作精益求精可能导致不能按时递交成果，给企业带来损失。对此情况，领导者应该予以重视，在对其工作进行肯定的同时，也要指出其时效性方面的不足。

第五，领导在完美型员工面前，要保持整洁有礼，这样才不会引起他们的反感，减少接近及管理他们的阻力。

完美型员工对于职业的期许常常注重自身的进步。因此，企业要想留住完美型员工，就要树立起"经营即教育"的理念。

可口可乐公司是全世界最大的饮料公司，该公司的员工工作热情极高。可口可乐公司的一名员工对此曾说过："好的公司自然能留住员工，我们为公司创造价值，同时也拥有了一个实现自己价值的平台，这让我深刻地感受到，我不仅是在为公司工作，同时也是在为自己工作。"

可口可乐公司的培训制度十分健全，分为低、中、高三级。其中对低层员工的培训主要专注于技能训练，对中层员工的培训以管理内容为主，而对高层员工的培训则主要侧重于总部培训发展小组所制订的项目。

可口可乐公司正是依靠这种针对性、完整性的培训，让员工持续进步，在为企业创造价值的同时，也实现员工的人生价值。

可口可乐公司能留住员工，原因在于公司不但为员工提供一份工作，而且还促进了员工的自身发展。在现实中，企业的管理者也希望自己的员工能接受培训，以便更好地为企业服务。但同时他们又担忧，如果耗费资金对员工进行培训之后，员工一旦离开，就会给企业造成更大的损失。这的确是一个矛盾，但换个角度来说，如果企业连留住员工的自信都没有，那只能说明企业自身有问题。

在对员工展开培训时，需要注意遵守以下几个原则：

1. 重视岗前培训，激发员工工作热情

岗前培训是引导新员工进入工作状态的重要方式，对新员工进行岗前培训，不仅能帮助其熟悉业务，还能激发其工作热情，同时能让新员工对企业各

方面有所了解，并为自己设定未来的职业目标。

2. 重视员工诉求，制订合理的培训方案

培训的主要目的，是为了提高参训员工的知识和技能。所以，在培训内容方面，应该充分考虑到员工的需求，在制订培训方案时，领导者应该对员工的诉求予以重视。

3. 重视培训多样化，激发员工的兴趣

在培训员工的过程中，为了让员工保持参加培训的兴趣，在制订培训方案时，应该进行多层次和全方位的思考。

培训的形式多种多样，培训细节都能创新和改变。为了确保培训不枯燥单调，领导可以考虑不同形式组合的方法进行培训。比如办讲座、员工分享从业经历、观看影视作品以及员工"一对一"辩论等，让培训充满趣味，充满惊喜。

4. 重视员工发展目标，培养员工的主人翁意识

在对员工进行培训时，应对员工进行引导，将员工发展目标与企业发展目标进行结合和统一，让员工产生这样的意识：努力工作不仅是为公司实现目标努力，同时也是为实现个人目标努力。这一意识得到深化后，才容易激发员工对企业的主人翁意识。

领袖型员工："我的目标是接班者、超越者。"

领袖型员工一般手握权力，独断专行，渴望控制大局，通常极具正义感。这类员工个性独立，不轻易求人，因此非常注重自我能力的增值。领袖型员工尊重强者，刚直而又坚强，同时又喜欢充当弱者的保护人。

领袖型员工是企业的人才，他们具有较高的管理才能。他们既具备煽动舆论的力量，同时又是带领企业员工的"领头羊"。这类员工必将成为企业重点培养与提拔的对象。

领导者不妨适当下放权力给他们，培养他们成为企业新生代主要管理力量，也方便对其各方面的能力做出考评。那么，企业领导者或管理者该怎么做呢？

1. 激发领袖型员工的主人翁精神

有这样一则故事：

一位新婚的新娘刚走进院子时，突然看到一只老鼠从院子蹿过去，就半开玩笑地对新郎官说："你们家真富有，还养得起老鼠呢！"新郎官笑着回答说："是啊，我家的老鼠还养得特别肥呢。"

当天半夜，新郎被一阵"啪啪"声吵醒了，原来是新娘在拿着扫帚追打老鼠，一边打一边说："死老鼠！让你来偷我们家粮食！"

故事很有意思，结婚之前，新娘看到老鼠并不感到心疼，因为那是"你们家"，但结婚之后，"你们家"就变成了"我们家"，这意味着老鼠造成的损害关乎"我"的利益。

这个故事虽然是虚构的，但却反映出当下企业中一个普遍存在的问题：员工缺乏归属感和主人翁的心态。

在现实中，多数员工将企业当作"你们家"，对于他们来说，"你们家"的利益得失与他们的利益是没什么关系的，他们总是没有责任感，得过且过。这种心态实际上与那位新娘在结婚之前如出一辙，说到底就是缺乏主人翁心态。因此，作为企业领导者，应该注意培养员工的主人翁精神，让员工从心里觉得自己是企业的主人，从而自觉地为工作负责，以全新的精神面貌积极工作，创造一个全新的、和谐双赢的局面。

企业领导者在激发员工的主人翁心态时，可以参考以下步骤：

（1）树立公司即为"家"的理念

家是避风港，是一个温暖的地方，同时又是人们坚守的乐土。

在现代企业管理中，企业领导者都在向员工灌输"公司就等于另一个家"的理念，而在这个大家庭中，上自老总，下至员工，都是不可或缺的成员。"家"的理念一旦根植于员工心中，就将公司的利益与员工的利益联系了起来，从而激发员工的主人翁心态。

（2）对员工进行"情感投资"

当然，要使员工认同公司为"家"，单靠喊口号是不够的，更重要的是企业领导是否能让员工感受到切切实实的归属感，以及"家"带来的温暖。这里面就涉及公司以及领导者对员工所进行的"情感投资"。

情感投资的方式有许多种，比如不定期地组织员工活动，或者定期地进行员工家访等，其目的都在于拉近企业与员工之间的关系，增强团队凝聚力，让员工感受到公司的人文关怀。

（3）培养员工爱岗敬业的理念

企业的兴衰与员工的命运之间有着不可分割的联系，企业兴盛，员工生活舒畅。企业濒临破产，员工的日子就过不好。领导者应该让员工清醒地认识到这一点，并引导他们爱岗敬业，与企业同呼吸共命运，从心底去关心企业的发展。这一理念一旦根植于员工心里，员工就会自觉地承担起推动企业不断创新和发展的重任。

2. 让领袖型员工适度参与公司决策

对于领袖型员工来说，能有参与到公司管理层的机会对他才有吸引力。

领袖型员工渴望权力，渴望成为领导者。企业领导者可以考虑让他们适度参与公司的决策。一方面，这种"放权"必然会对领袖型员工产生激励，促使他们为企业奉献；另一方面，企业领导也能通过"放权"对这些员工进行考察，从中物色未来企业的接班人。

3. 全员参与性的管理方式

企业在培养员工的责任感时，可以让每一名员工都参与到企业管理中来，让员工与领导处于平等的位置，共同研讨企业中的问题。这样更有利于促进领导与员工之间的交流，领导将能直观地了解到员工对于公司的种种感受，而员工也能及时向领导反馈意见。

根据日本和美国公司的调查统计，"全员参与"的管理方式可以使员工的工作积极性显著提高，企业经济效益明显增长。

为什么让员工参与企业管理能有如此显著的效用呢？

领导者让员工参与企业管理，实际是一种无形的信任，也是对员工的肯定，从而提高了员工工作积极性，并激发了员工对工作的责任心。

先扫清认知障碍再行动

——几种常见的激励误区

金钱激励并不是万能的

据说，把一个人从现有工作岗位上挖过来一般需要提高其25%的工资报酬。你给的薪酬高，你就容易挖到人才；你的人才薪酬越高，就越不会被人挖走。

日常生活中，经常听人说有钱能使鬼推磨这类词。这里大家可能扩大化了金钱的作用，但我们可以感受到，金钱激励的普遍存在。

经济学家研究显示金钱激励也存在着副作用。

幼儿园小朋友的家长总是不按时接孩子，幼儿园该采取怎样的措施呢？对迟到的家长给予经济处罚怎么样？经济学家观察发现，迟到的家长反而更多。实施罚款制一个月后迟到家长人数增一倍。最后幼儿园觉得产生了反效果，取消了该罚款制度。

这种例子在我们身边有很多，在我们自己身上也许就能找到。比如，我们某次出现了某种差错，然后遭到罚款，是否心里会有某种变化呢？至少我听到过有人这样说："不是已经罚款了吗？"（或者说："不就是扣钱嘛，扣呗！"）他的潜意识就是，罚了款，事情结束了。有这样的想法，他会真正在这件事情上汲取教训吗？

在计件制工资制度的制造企业里，管理者要求员工维护好设备，遵守纪律等方面是比较困难的，至少比计时工资制要困难。

这样的情形往往与过度使用金钱激励相关，在计件制中，员工的工作是一种金钱与量的交换，是一种简单却牢固的契约。与此之外的与金钱回报不相关的任何事是额外的。

同一件事中不同的激励做法，也会有微妙的差异，就如《魔鬼经济学》的作者讲到的献血的案例，我们身边也有。当公司规定参加献血者会有经济奖励时，没人去，因为没人愿意被看成是"卖血"，可是取消了经济奖励，只给予参加献血者一种宣传赞扬时，去的人反而多了，此时主动献血的参与者获得了肯定。

这里的差异在于，一种是金钱交易，另一种被赋予了意义，并由此获得成就感。金钱导致了心理与动机的替代。这种替代作用有两种情形，如幼儿园的案例所显示的，家长们以金钱代替了自己愧疚之情；参加献血事例即以贪欲和逐利替代了价值的追求。

当然金钱的正面意义也是很重要的，因为金钱是生存与安全的有力保障，饿肚子，光身子去探讨人生意义在现今并不是一件正常的事情，但我们用工作的意义去激励，则是件很正确的事。每个人对工作的意义有着不同的定义，在每个人对工作意义认识背后，它又有着一些共同点，人们都喜欢有兴趣的工作，喜欢能在工作中获得快乐，个人的特长与成就能获得认可等等。管理者如果能够认识到员工也有着金钱以外的其他追求，就能够根据员工对于工作的意义的认可采取不同的激励手段。

工作中工作动机是最重要的激励因素。企业里的员工在不同的发展阶段都有不同的工作动机。高薪酬、高福利并不是激励员工的最重要的因素，企业领导者必须挖掘员工深层次的心理原因，比如像学习的机会和个人的成就感等。

多数人把金钱看作是激励的第一要素。事实上，钱对于人来说固然很重要，但并不是最重要的激励因素。

大家看看赫茨伯格的激励的双因素理论：激励因素和保健因素。

1. 激励因素

激励因素和工作内容是密切联系的。其内容包括：感兴趣的工作，增大职责范围，认可，表扬，个人发展机会以及个人成就感等。这些内容是和工作内容息息相关的，所以把它称为激励因素。激励因素不充分，工作满意度必然不高。

2. 保健因素

保健因素是和工作环境相关的。其内容包括：公司的硬件环境，公司的政策和福利等等。保健因素如果缺乏，会引起员工的不满。

战士的工资并不高，战士为什么会无畏生死，为什么也能够创造很好的绩效呢？

战士的工资虽然不高。很明显，有一种比钱更重要的东西在激励着他们，这些因素就是价值观，是政策和培训在起作用。战士工资不高却仍然可以创造出高绩效，企业也应该在这方面加以借鉴。

金钱奖励固然重要，但很多人却志不在此。有相当一部分人需要的是拓宽视野，扩展人脉，积累知识，更是为了磨砺自己。

 激励形式不可一刀切

没有任何两片叶子是相同的，这是哲学上说的。其实人何尝不是如此，虽然我们说物以类聚，人以群分，但是同样群体的人会有很多的不同点。

相同的激励不可能适用于同样两个人，所以不要对不同的人使用同样的激励方式，不然会让员工误会管理人员的本意，引起不必要的麻烦。拿两个员工进行对比，对他们说同样的话，更是职场大忌。

高强在一家企业担任管理人员已有多年，他对自己的管理方法非常自信，尤其在激励员工这方面。他觉得自己很有头脑，以不变应万变就能成功激励每个员工。今年公司新进两名员工，在同一个部门，做同样的工作，一个叫小明，一个叫大志。两个人第一年表现都不错，为了鼓励两个员工继续努力工作，高强出了一个"妙招"。

高强先把小明叫到了办公室，对他说："小明啊，你觉得你今年的工作如何？我觉得你的工作水平不如大志，咱们公司其实已经不缺人手了，不过看在你工作那么努力的分上，我跟领导说了很久才把你留下来，不过年终奖就要少一点了。"说完就拿出了一个红包递给了小明。小明听到前面的话吓一跳，但听到后面有惊无险的话，而且还有一个红包，对高强感恩戴德，连声说谢谢。过了一会儿，高强又把大志叫进了办公室，对大志说了同样的话，大志也同样对朱某感恩戴德，表示自己会不辜负他的期望。

高强没有想到的是，小明由于听高强说自己不如大志，为了提高自己的工作能力，诚恳地向大志取经，询问大志怎么样才能把工作做好，并且把高强说的话和盘托出。大志听到小明的话大为惊讶，因为高强也对他说了同样的话。两人交流后，于是一起辞了职。

聪明反被聪明误，高强的行为看似机灵，但实际上愚昧至极。待人要真诚，激励员工更是如此。用同样的语言激励不同的员工，被拆穿时管理人员要面对的就不只是难以化解的尴尬了，而是员工的离职。

同样的话对于有的人来说可能是治病的良药，但对于另外的人来说可能是压垮他的最后一根稻草。对待不同性格的员工，要用不同的激励方式，不同的人有不同的价值观、人生观，心理承受能力也完全不同。

赵某和李某是某大学刚毕业的大学生，两人进入了同一家软件公司。由于公司刚接了一个大工程，任务十分繁重，他们经常需要加班到深夜。两人干了一段时间后，有点吃不消了，不过还是努力地坚持了下来，但时间一长，人慢慢会怠惰，两人的工作效率都有所下降。

部门经理知道这种情况后，特意找他们展开了一次谈话，告诉他们在这一行里只有努力才能有美好的未来。两人连连点头，直到最后谈话结束时，经理说如果他们的工作效率再提不起来，达不到要求的话，就要炒他们的鱿鱼。

经理的话对两个人产生了截然不同的效果。赵某家庭条件不太好，他希望能赶快多赚钱回馈家里，生怕自己丢了这份工作，所以在工作上格外努力，很快他就适应了这份高强度的工作。而家境不错的李某则犯了嘀咕，自己还在实习期，工资少却要做如此繁重的工作，经理还要用开除来威胁他。于是，他就主动辞职了。

可见，不同的性格和观念决定了人们对问题不同的看法。

一家刚成立的设计公司因为没有制定规范的奖惩制度，员工们上班迟到的现象屡屡发生。虽然迟到的时间都不长，大多在10分钟以内，公司领导觉得这样的态度不利于工作，于是拿出了一套惩罚方案，想以此减少迟到现象。几天以后，公司关于迟到的处罚规定出炉了，迟到的员工要扣50元工资。这个规定一开始时还有效果，但后来越来越不管用，而且员工迟到的现象变本加厉，迟到的时间甚至有时会超过半小时。

管理人员非常迷惑，经过摸底了解，才发现原来是制度出了问题。一开始时员工们都很在意被扣钱，知道自己要迟到了，会努力往公司赶，即使迟到时间也不会太长。但是新的规定出来了以后，员工往往在赶往公司的路上发现自己已经迟到了，想着反正钱已经扣了，还急什么？于是都不着急了，甚至明知道自己迟到了，也会先好好吃个早饭再上班。

一刀切的惩罚和奖励一样，都是不科学的。只有制定有等级、有层次的奖惩制度，才能真正起到激励员工的效果。

与其发号施令，不如以身作则

很多人都不喜欢被管理，被约束，如果管理者的言行使下属产生疑虑，会引起他们的反感。所以，身为管理者，必须以身作则，才能让下属信服。

员工希望管理者是在非常时期能够独当一面，且遇事能够果断坚决的人。只有这样的管理者，才能强有力地开展工作和支配部下。

当下，企业竞争愈来愈激烈，企业随时都会面临危机。当面临危机时，管理者必须能够率先垂范，面对难关。这样，顽强执着的精神就会传递给部下，让大家都能够勇敢地面对危机。

身为企业管理者，不仅要在言辞上折服众人，更重要的是自己能以身作则、严于律己。因为自己的言行举止都受到大众目光的监视。将自己的行动表现在事业上，是最能感动他人的举措。

日本本田的创始人本田宗一郎遇到棘手的事情时，总是亲身而为。因此，公司里的年轻人非常佩服他的这种身先为范的作风。

有一次，为了谈一笔生意，本田宗一郎和藤泽武夫在一家餐馆里招待一位外商。这个商人在上卫生间时不小心把假牙弄掉了，导致无法用餐。本田宗一郎马上跑到卫生间，细致地寻找，找到了假牙后，他又反复冲洗，并让专业人员做了消毒处理。这件事让那位商人无比感动，生意自然也水到渠成。藤泽武夫感慨万分，认为自己可以和本田宗一郎一辈子合作下去。

俗话说：行动是无声的教诲。一大堆的同情话、亲热话，远不及于举手投足间的实际小帮助。人是最容易被一些小事情所感动的。作为企业管理者，应使自己成为大众中的普通一员。要求他人做到的，自己先要做到，这样，说话就响亮，就能使他人信服。

在千钧一发的关键时刻，团队领袖的坚毅和模范行动，是取得战斗胜利的巨大精神支柱。

拿破仑常常用他的豪迈气概带动部队的士气，提高战斗力。

埃劳战役中，法俄两军的战斗异常激烈，难决胜负。拿破仑亲率一支步兵停留在埃劳墓地那个战斗的中心地点。俄军的炮弹纷纷地落在他的周围；身边的许多侍卫相继倒下和牺牲，拿破仑本人也随时都有生命危险。此时，拿破仑没有半点退缩，而是镇定自若地在墓地停留了几个小时，看到领袖如此淡定，士兵们更加勇敢了，军心很快稳定了，拿破仑的步兵队伍始终屹立在这个死神笼罩的地方，时刻待命出击，直至取得埃劳战役的最后胜利。

企业是管理者的战场，要想让员工自觉地开足马力为企业去"拼命"，管理人员的态度和行为至关重要，管理者只有懂得激励原则，身先士卒，员工才会紧随其后，发挥出管理者想象不出的巨大力量。

胡雪岩大家都知道，他是开钱庄的，类似当代的金融巨头。其实，胡雪岩还办过一个制药厂，存留至今，成为中华老字号，这便是赫赫有名的"胡庆余堂"。

据说胡庆余堂敢于炮制一种能治疯病的中成药。名字叫"龙虎斗"，这种药的主要配料是砒霜，当时没有哪家药厂敢配制。因为在药粉中掺入砒霜后，搅拌得稍微不均匀，病人服用后就会中毒身亡。

为了治病救人，胡雪岩决定配制"龙虎斗"。很快，"龙虎斗"配制成功，胡庆余堂由此名声大振。有人问胡雪岩是怎样配制成功"龙虎斗"的，他回答说，是太上老君托梦教给了他配制"龙虎斗"的"秘法"。

胡雪岩其实没有什么"秘法"，他只不过和伙计们一起，用了整整三天的时间去搅拌掺了砒霜的药粉。三天反反复复搅拌药粉是一件枯燥的事，胡雪岩一马当先，带头去做。看到东家亲自参与，伙计们也不敢怠慢，都认真地搅拌配料，这样，就成功了。

对于企业管理者来说，自己不去做，员工更不会去做；自己带头做了，员工也会努力地去做。这就是身先士卒的力量，这样的激励会产生巨大的力量。作为企业或团队管理者，应当通过实际行动激励员工。不管你所领导的企业团队规模是大还是小，也不管团队在企业中所处的是什么位置。在企业遇到必须克服的困难时，最能激励员工的方法，就是管理者一马当先、身先士卒。

 消除代际间的思维定式

在金融危机爆发之前，每个组织中似乎都能清晰地按照出生年代将员工划为不同类别：婴儿潮一代（美国婴儿潮一代特指美国第二次世界大战后1946～1964年出生的人）、X一代（指出生于1965～1977年期间的一代人）、Y一代（美国人把1980～1995年间出生的人称作"Y一代"）和千禧一代（指1984～1995年出生的人，和"Y一代"概念有重合）。大多数人认为，不同年代的人想从工作中获得的东西不同，对待工作的态度不同，期待的管理方式也不同。所以，很多管理咨询公司的专家都研究如何让管理者针对不同年代的员工采用不同的管理方式，然后再分别根据组织的状况给予不同的薪酬待遇。

那么，如果我们之前做的都错了呢？其实巨大的经济压力和不断萎缩的就业市场已经使得代际之间的差异没那么明显了。曾经自命不凡、喊着"老板靠边站"的千禧一代发现自己也在面对一个竞争激烈的就业市场，和婴儿潮一代曾在20世纪70年代经历的一样。他们终于明白了：这个世界不欠他们一个工作，努力也不一定有回报。

所以，婴儿潮一代和千禧一代差异并不大。从某种意义上说，婴儿潮一代就是染了灰白头发的千禧一代。除非公司强调的是一成不变的青年文化，要知道，婴儿潮一代曾经也经历了青年文化。婴儿潮一代进入成年阶段时也有一系列的福利要求，那时美国正处于一种相对繁荣和怪异的世界和平中。（虽然那时候有冷战和随时存在的核战争威胁，但实际上，在婴儿潮一代的儿童时期，还是强调用户至上和后院安全和平的。）通常，找到一份工作也是很有把握的（只要上了大学，人生的轨迹基本就被定型了），直到这一代人到了20岁左右，他们的父母一辈开始大规模失业。一直以来，作为一个庞大的人群，婴儿潮一代都在探索以何种方式质疑权威，并且做了很多打破常规的尝试。

20世纪七八十年代艰难低迷的经济状况，打破了之前人人信守的"努力学习——考高分——找一份好工作——努力工作——就能保住工作"的定式。唉，变化太快，现实太不公平。

婴儿潮一代一直在学习他们父母所知道的东西，而年轻的一代又在学习婴儿潮一代所知道的东西。当他们走上工作岗位时，他们对新经济充满了期望，期待着经济趋势不断好转。雇主们相互之间明争暗斗，以吸引或留下最优秀的员工（现在，这样的员工被叫作人才）。在组织中，头衔名称的叫法急剧膨胀，好像任何一个人在30岁之前都能成为副总裁或者招聘人员甚至可以忍受爸爸妈妈陪同应聘者一起面试。不论以何种方式，只要能招到员工，并让公司表现出热闹繁忙的样子就可以。

如果你是一个管理者，那么你还是保持公司增长的主要动力。管理员工是你的使命，你要激发出员工最好的一面，忠于组织，达到最出色的业绩——管理个人和团队都要达到这个目的。但是，管理者现在应该忽略代际之间的差异，而是要更着重于了解每个员工的需求，以挖掘他们的最大潜力，为团队和公司做出更多的贡献：以尊重员工的方式为员工设定清晰的角色定位和期望。

"我们的行为与我们生活的环境有直接关系。"澳大利亚悉尼的一位人力资源咨询师罗伯特·克里奇利说，"虽然了解不同年代人的不同工作方式很重要，但是也不要忘了，现在的Y一代和婴儿潮一代年轻的时候并没有太大的区别。"

"在过去的10年中，我们常常认为Y一代员工对待工作的认真程度不高，对工作的热情不大。但是，他们现在已经经历了大规模失业的现实。找到一份工作，养家糊口已经成为他们最基本的需求，所以他们也会像婴儿潮一代一样拼命工作。对Y一代的陈旧观念和固有偏见已经过时了，不再适合现在。"

克里奇利强调很重要的一点是，不要让员工过于关注相同年代同事的共同属性特征，而是要把每一个同事都看作是独立的个体。克里奇利说："团队的文化建设要以互相尊重为基础，这样，员工才会尊重你。""要直接、要灵活、要考虑周全，要把所有员工当作个体来了解。"

不要对某一个年代的人群有思维定式和刻板印象。克里奇利说："不要太过于纠结员工所处年代的问题，但是当你遇见一个60岁的人行为却像30岁、一个25岁的人行为却像50岁这种状况时，也不要过于惊讶。"

兑现不了的激励，不如不说

领导激励员工一般通过口头赞美和物质奖励两种方式。口头赞美的激励方式成本低，而实惠的物质奖励才会让员工记得长久，对其他员工的影响也不小。其他员工看到同事上进，获得领导奖赏，往往会变得发愤图强起来。不过物质奖励这种激励方式最忌讳的是领导乱许承诺。要知道，承诺带来的期待和愉悦有多大，违背承诺所带来的失望和愤怒就会乘以二。

某电动玩具公司创立之初效益不好，也没有很好的市场。韦蓝是这家公司销售部门的经理，为了提高销售业绩，他真是绞尽脑汁。无论韦蓝怎么努力，销售业绩始终低迷。几个月过去了，韦蓝整理了一下销售部门各员工的业绩，他发现有一名员工的业绩很突出。这名员工业绩十分稳定，达到了业内平均水平，在一家新公司里，已经算是出色的员工了。韦蓝想了想，觉得应该将这位员工当成部门的一个榜样，开一次表彰会，振奋一下部门的士气。

表彰会情况很糟糕，员工们对这种会议兴趣不大。韦蓝讲得唾沫横飞，下面的员工们睡觉的睡觉，闲聊的闲聊，没几个人听他说话。韦蓝眼见大会即将失败，急得手心出汗，突然他想到自己刚刚买了一部新款手机，还没打开包装开始用，于是赶紧拿出来作为给优秀员工的奖励。看见经理手上的新款手机，所有员工们开始端坐并打起了精神。韦蓝眉开眼笑，接着长篇大论了一通，还对其他员工许下承诺，说下一季度如果谁能达到这名员工这样的业绩，每个人都有一部这样的手机。

结果到了下一季度时，好几个业务员都达到了要求的水平。这一下韦蓝犯愁了，他许诺奖赏给达到要求的每个员工一部手机，需要1万多元。为了诺言，他硬着头皮拿出自己一个月的工资购买了应奖励给员工的几部手机。再下一个季度时又有更多的员工达到了他许诺过的标准，他算了算，这下要5万多元，韦蓝没办法了，于是他只好摆了一桌酒席，给员工们说自己财力有限，非常抱歉，希望他们谅解。

员工们听了大为失落，工作积极性大减，销售部门的业绩又重陷低迷。

人与人之间最重要的一点就是诚恳，兑现不了的激励，不如不说。员工受到了欺骗，情绪就会低落，甚至会质疑领导的人格、人品。事实上，管理者不是不能许诺，但是承诺的事情自己务必要能做到。如果目标暂时不容易实现，但以后可以很容易实现，那么这样的目标就不能作为承诺的对象。

对员工许诺时要明确，不能含糊。有些管理人员很喜欢用模棱两可的承诺，例如对员工说"公司赚钱了绝对不会亏待大家""效益好了大家都能加工资"。这种不具体的承诺会让员工心里没底，也不会有多大的工作动力。

彭彭是一家广告公司的员工，公司不大，不过发展得很快。公司里的新人来了又走，走了又来，只有彭彭和几个老员工一直坚持在自己的岗位上。

彭彭一直不明白为什么新人总是来的多，留的少，一直到有一天他意外地听到了一次策划部门的会议才明白。不少新员工都要过了实习期才能正式入职，但刚刚入职的员工都抱怨薪水少，跟原来应聘时人事说的不一样。策划部门的经理拍着提出质疑的员工的肩膀，语重心长地说："我知道工资不多，但是公司目前还处在发展阶段，业务都还不稳定。你平时的工作也不忙，公司也没什么效益，等到公司盈利多了，不会亏待你的。"听到这话，新入职的员工，一副不相信的样子。就在第二天，那名员工就没来上班了。

彭彭仔细一想，很快就明白了公司留不住员工的原因，于是他主动跟老板提出公司需要建立完善的奖励、加薪制度，并且说了昨天他看到的事情。老板采纳了彭彭的建议，果然员工的流失状况大为改善。激励员工不能假大空，毕竟没有人会一傻到底。等到员工拆穿假大空的真相时，企业就会遭到强烈的反噬。

优秀的企业管理者，不会给员工画饼充饥。既然选择用承诺激励员工，就要付出一些实在的东西。员工达到了标准，管理者就要兑现承诺。如果员工表现出色，管理者稍微增加一些奖励也无妨，这样还会给员工带去惊喜，从而起到更好的激励作用。

 ## 趁热打铁，激励也讲究时效性

即时激励即激励要讲究时效性，当员工在工作中成绩突出时，管理者应该立即给予员工一定奖励。即时激励一般用于管理销售团队，这样可以对员工起到立竿见影的激励效果。所以，对于企业来说，即时激励是管理者必备的管理技巧之一。

当企业为管理员工制定出奖励制度后，一方面希望能够迅速起到激励效果，另一方面则希望激励效果可以更持久，更有力。同时，管理者还希望激励员工的范围不只是一两个人，而是全体企业员工。

企业管理者一旦制定了即时激励政策，就应当立即执行。即便是这么简单的道理，仍有很多管理者没有能够给予重视。

国内某公司的主要业务是代理、销售某知名品牌的工程机械设备。最近，公司高管推出了一项针对销售人员的奖励政策，以激励员工们在市场销售中取得佳绩。这项政策是，在一个季度中，销售员每卖出一台设备，领导就会在他们的工资和销售提成以外，再给每人奖励2500元。

销售人员们知道奖励政策以后，士气大振，开始有针对性地进行销售工作。没过多久，销售员小李就传来喜讯，他与客户签订了销售合同。大家听说后，全都围在他的身边，一起嚷嚷着让小李领到奖金后请客吃饭。

领导闻讯之后，对小李赞不绝口，却绝口不提发奖金的事情。小李对此有些失落，但他心想，这项奖励政策领导已经当众宣布了，应该不会有什么问题的，也许会在下个月发工资的时候一并奖励。

于是，小李继续努力工作。一星期后，小李又签了一单合同，与此同时，其他的几个销售员也都陆续签单成功。可是领导的举动却让他们感到失望，领导对奖金的事情只字未提。最终，到了下个月发工资的时候，领导所说的这笔奖金，却依然没有兑现。

小李和其他员工于是纷纷提出辞职，准备加入到竞争对手的公司。领导见状，才慌了手脚，并立即答应发给他们当初准备兑现的奖金，但此时为时已晚，公司很快就陷入了危机中。

懂得管理的人都非常明白，这是一个失败的激励案例。这个公司的领导已经当众制定了即时激励制度，其目的就是为了刺激销售人员努力工作。当小李等员工已经完成销售任务后，领导却失信了，结果引起了员工的强烈不满。

此外，即便是领导把奖金放到下个月工资中发给员工，虽然可以起到一些激励作用，但效果也会打折扣的。最好的办法是，当小李以及同事完成任务后，领导立即将全体销售人员聚集在一起，当众给他们兑现2500元奖金。

这样，不仅完成任务的销售员们会觉得很有面子和成就感，还会给其他的销售人员以极大的刺激与鼓励。这才是真正的即时激励！此刻员工们会感觉领导说话算话，为此更加努力工作。

即时激励虽然是一种简单且重要的激励方法，但依旧有很多企业管理者做不好，其中包括以下几点原因：

1. 管理者不清楚即时激励取得的良好效果

管理者由于经验或者其他方面的因素，他们不知道即时激励能够对员工或者整个团队所起到的激励效果，因此，就将本来可以做得很好的激励过程变得平淡无奇，甚至起到负面效果。

2. 管理者对于奖金的作用存在认识上的误区

很多企业管理者，可能会对"奖金的数量"特别重视，但对"奖金如何发给员工，才是最有效的"这个问题没有认真思考。一般情况下，他们可能会有"奖金只要给了就可以了，早迟没有关系"的想法。虽然员工十分在意奖金的数量，但他们也在意"发放奖金的时机和方式"。

3. 管理者对员工的不重视

有一些企业管理者有种高高在上的感觉，他们对员工不重视，甚至漠视员工。他们认为，只要给员工工资就行了，如果再给奖金就是在刺激员工，而至于给员工什么成就感之类的事情，就根本想都不会想了。那些漠视员工的企业管理者，是很难把团队带好的，最终员工只会是毫无斗志。

如果员工取得一些进步或成绩之后，企业管理者应该如何具体实施即时激励呢？实际上是很简单的，下列的即时激励方式可供管理者参考：

（1）在次日的晨会上，立刻对员工进行重点表扬。

（2）在每周的团队会议上，当众表扬员工。

（3）在公司的公示栏上，贴上员工的照片并附上表扬的文字。

（4）在公司的官方网站上，对员工业绩进行表扬。

（5）在企业内刊的头版头条等重要位置上，公开表扬员工。

综上所述，要将这些做出成绩的员工与公司"即时激励"这件事情尽可能地放大，并在公司中造成一定的影响力。这样，才能给那些还没做出成绩的员工一针强心剂。

最后，倘若采用即时物质激励，奖励员工的奖金最好是现金，并由管理者亲自颁发，这样会对员工产生更大的推动作用。

 如果对手比你更会激励你的员工

很多企业在成长过程中都遇到过竞争对手挖墙脚的情况。作为企业创始人，应该有宽大的胸怀和气度，应该客观冷静地去分析去处理。企业管理者在企业遇到这种挖墙脚危机时，我们应该从主观和客观两方面来找原因。

1.主观方面的原因

（1）优秀员工在企业中被冷落，其自我价值无法实现

这些优秀员工不同于一般员工，他们不会局限于满足了基本的物质生活，他们在乎追求发展自己事业的平台以及发挥自我潜能的机会。而一些企业管理者对有才能的员工不敢大胆授权和启用，致使这些优秀人才在企业里没有空间去发展也没有晋升的机会，使他们感到"怀才不遇"，时间一长，人才的流失也就不奇怪了。

（2）缺乏个人成就感

企业里面的任何员工都希望得到上级的赏识。有关这种认识，卡耐基在《人性的弱点》中指出：所有人最不喜欢的是被拒绝；所有人最喜欢的是被认

可和尊重的感觉。马斯洛的需求等级论中也强调：人类最深层次的需要就是被尊重和自我实现。

在中国一些企业内部却存在着这种现象：企业管理者对优秀核心员工作出的成绩不能客观给予评估，导致优秀的核心人才的工作情绪遭受到打击，工作热情降低，这就为以后的离职埋下了隐患。

（3）与领导之间的关系紧张

员工与企业领导共事免不了会在某些方面产生分歧，但如果每次都争执得"脸红脖子粗"的话，就说明员工和领导之间很快就会没有和谐相处、共同发展的机会和可能性。最后选择愤然离去的往往是优秀的核心员工。

2.客观方面的原因

（1）薪酬福利体系不合理

薪酬福利是吸引人才留住人才的法宝，如果员工在企业里干好干坏没有区别，干多干少没有区别，干与不干也没有区别，没有奖惩，分配不合理，就会使员工感到企业支付的薪酬没有体现其个人价值，或者是没有正确评估自己对企业所做的成绩，这时，他们必然会选择离开。

（2）缺乏良好的工作环境和团队精神

从某种程度上来说，许多企业里面都存在着一些不务正业混日子的员工，企业内部人员之间勾心斗角、结党营私，从表面上看大家是"一团和气"，而背地里却是"暗流涌动"，为着一点蝇头小利弄得"你死我活"，为了升官晋爵而"蝇营狗苟"。在这样的环境中，优秀的员工是不会与职场中那些"叱咤风云"的"高手"们较量的。

（3）缺乏有效的激励机制

我国企业中的一些管理者没有注意到激励在企业人才管理中的积极作用，而是一味地把人才当成机器一样使用，根本没有想"机器"也有"生锈"的时候，只知道要他们"不停地运转"。时间一长，定会导致核心员工身心俱疲，为离职埋下隐患。

（4）企业的发展前景不乐观

每个企业都会经历四个阶段：企业新兴期、企业成长期、企业成熟期和企业衰落期，当企业处于衰落期时，员工的流失率是最大的。

（5）同行业企业和竞争对手的诱引

大家都知道人才的重要，特别是企业，有时甚至会不惜代价从竞争对手那里挖人才。企业管理者们知道获得这样的人才不仅可以获取竞争对手的一些秘密，清楚对手的运作模式，而且还可以减少从外面招聘人才的成本。企业诱引的人才一般都是觊觎了许久的目标，他们清楚这些人才的具体状况，于是就会使用各种手段挖到这类人才。

因此，我们在建立企业的激励体系时，必须要分析同行业竞争对手的激励策略，努力做到知己知彼，百战不殆。

 ## 激励是一个长期规划

"集腋成裘""聚沙成塔"，任何事情都不可能一蹴而就。要想做好一件事，就要做好长期的准备，激励也是一样。

任何事的量变到质变的过程是一种积累，激励同样也是如此。在不同环境和时间段内进行激励产生的效果也不一样，长期的激励可以让人的行事方式和交际方式都产生变化。

明明是大家心目中的天才少年，当同龄刚读高中时，他已经在上海上大学了。和同龄人相比，他的头脑更聪明，大学毕业以后他入职了一家创意设计公司。明明在工作上很有能力，实习期间的任何任务，他都能保质保量地完成。过了实习期以后，明明正式入职，他的缺点却慢慢暴露了出来。他很少与人交朋友，沟通能力很差。每次有工作任务，他总是会高效地完成自己的部分，却忽略了与同事沟通，互相协调。

部门经理十分赏识明明，但明明对同事的工作毫不关心，不管同事出了什么问题都不闻不问，他喜欢钻牛角尖解决问题的习惯让部门经理很伤脑筋。部门经理为了改变明明这些坏习惯，开始激励他，建议他遇到问题可以请教那些成熟的设计师，平时每完成工作都要跟同事交流。一开始明明对这些做法还有些抵触，不太习惯，只有当经理叫他去做时，他才勉强地去了，但在经理持续的激励之下，明明最终还是改掉了这些毛病，成为公司最高效的员工之一。

长久的激励可以让一个原本存在很多缺点的员工发挥出最大的价值。但这需要管理人员有足够的耐心。

葛瑶瑶弹得一手好钢琴，小时候学琴期间她的父母特别舍得在她身上投资，虽然她儿时的家庭经济拮据，但父母仍然愿意节衣缩食坚持让她学钢琴。葛瑶瑶从小就特别懂事，她知道父母付出了不少心血，可能这样使她压力太大，负担过重，她一直学不好，甚至一度央求父母自己不学了。葛瑶瑶的老师为人很好，对她谆谆教导。在老师的鼓励下，葛瑶瑶终于找到了弹琴的信心，水平也直线上升。

葛瑶瑶有一个表弟叫小路，两家表面上关系不错，但两家喜欢互相攀比。小路的爸妈看到葛瑶瑶学钢琴，也给小路学钢琴。小路比较早熟，钢琴也学得特别努力，一心想要超过表姐，可惜小路的老师是一个没有耐心的人，一开始还会激励他，但时间一长，就开始斥责小路："你怎么那么笨？"小路的老师经常说这种话，虽然小路很努力，但渐渐对钢琴失去了信心，最终放弃了学钢琴。

现在两家相处得很好，小路非常羡慕葛瑶瑶弹得一手好琴。每当提起学琴的经历，小路总是愤愤地说，如果自己当年的老师像表姐的老师一样，现在自己也能弹得一手好琴。

长期的激励才是有效的激励，就像庄稼只有长时间得到阳光的照耀才能茁壮成长。对此，很多管理人员表示赞同，但同时表示，虽然自己主观上愿意长期关怀每一名员工，但从客观上很难做到，因为自己有自己的事情要忙，没有那么多精力去关怀每一名员工的情况。对于这种情况，建立长期激励员工的机制才是最合理的办法。

很多管理者能留下员工，将员工变成自己的得力干将，其中很重要的原因就是他们能够与员工真诚地沟通。管理人员如果能与员工成为朋友，如此就能更好地从根本上激励员工。

管理人员只有让员工看见更好的未来，员工才有动力在企业长期工作下去，为企业效劳。管理人员可以为员工安排培训，提高员工自身的能力；还可以帮助给员工设立目标，待其实现后给予奖励。这些都能让员工备受激励。

员工离职，有企业的责任，也有员工自身的问题。如果员工处于某种困境，企业能伸出援助之手，给员工排忧解难，必定能让员工在工作上更加努力。

管理人员要学会让员工能够和睦相处，必须让员工之间的矛盾尽早解决。管理者可以经常组织员工一起参加活动，增进友谊，保持员工之间的良性关系，这样才能让员工感到企业的和谐，才能让员工长期在企业工作。

很多企业在激励员工时会采用温暖的激励方式，比如在员工生日时送上一个生日蛋糕；或者在员工结婚纪念日时送给员工一束玫瑰花；或者在员工儿女过生日时给员工放半天假。这些激励方式成本低，效果却极好。

激励不能临时想起来才做，那种功利性的做法会让员工产生反感。只有将激励员工制度化、常态化，变成一种企业文化，才能长期促使员工发挥积极性，才能为公司创造更多的价值。

每个人都需要的正面情感激励

——尊重、沟通与赞美激励

投资情感，保底增值

很多人说投资情感是最有远见的，是最高明的"理财"，"得人心者得天下""女为悦己者容，士为知己者死"之类的古训似乎验证了这种说法。的确，不可否认，情感投资的成效要远远超过那些赤裸裸的物质投资的成效，它更文雅，更深入人心，也更容易收到回报。

春秋时期，秦穆公的一匹良马被300多个农民偷着宰杀后分吃了。秦国的官吏捉到农民审问清楚后，准备严惩。秦穆公说："放了他们吧，我怎么能因为丢了一匹马而处罚300多人。我听说吃了马肉，如果不喝酒，会对身体不好，赏他们些酒吧，别吃坏了身子。"这300多农民千恩万谢地回到家乡。

几年后，秦国和晋国在韩原开战。这300多农民知道后，都纷纷奔赴战场帮助秦军。正巧遇上秦穆公的战车陷入晋军的包围之中，情况万分紧急。这些农民不顾危险，高举武器冲进晋军的包围圈，与晋军作血肉之战，以报答当初秦穆公不杀之恩。经过奋力拼杀，他们终于将秦穆公从包围圈中解救了出来。

也许当初秦穆公释放宰杀他良马的农民时，并没有想到情感投资，但事实是，正是他的不杀之恩，才让这些农民抱了拼死效忠之心。

"人非草木孰能无情"，不管一个人给他人的印象有多么坚强，其内心深处总有一块脆弱的地方需要精心呵护、慰藉、关怀和重视。自古以来，绝大多数出色的领导都善于"经营人心""收服人心"。有时候，尽管人们在物质上得到了满足，但总是无法替代情感上的独特需要，正因如此，情感投资才有了巨大的市场和惊人的回报。

作为企业领导者，一定要深知情感投资的重大意义和作用，了解其中蕴含的惊人力量，这样才能真正重视起来，做好这方面的投资。

通常来说，情感投资具有下列意义和作用：

1. 有利于制造出一种融洽的氛围

通常情况下，如果一个企业或团队被温馨的情感所充盈，就会有利于员工与企业、员工与领导者之间的情感交流，建立起融洽的关系，进而可以提升领导者的魅力以及员工的工作积极性，最终有利于企业经济效益的增长。

通用公司总裁弗朗科斯说："你可以用钱买到一个人的时间，雇佣一个人到指定的工作岗位。可以买到小时或者按月份付酬的技术操作，但是你却买不来一个人的热情，买不来一个人的创造性，更买不来一个人专注的投入。"

这些用物质换取不了的东西，却可以用情感换来，用领导者真诚的重视和关爱换来，用企业融洽的情感氛围换来，这已经成为一些高明领导者用以提升企业发展速度的重要手段之一。

2. 有利于创造一种休戚与共的情结

企业领导者的很多言行对员工有着很大的影响，如果领导者真诚随和，愿意与下属打成一片，祸福同担，就会获得员工的尊敬和信服，并愿意与之相处。员工乐意听凭调遣，把企业当作自己的家，把领导的事当作自己的事，同企业荣辱与共。

3. 有利于激发工作积极性，提高工作效率

企业领导者尊重、关爱下属，真心为下属着想，会让下属的工作热情、自

信心油然而生，进而激发他们的工作积极性，提高工作效率。员工心情和态度直接关系到他们工作效率的高低。领导者真心关爱下属所调动起的员工的工作热情，是其他物质所换不来的。

《礼记》云："往而不来，非礼也；来而不往，亦非礼也。"这就是平时我们所谓的"礼尚往来"。"礼尚往来"是我国社会的一个重大的社会属性，无论你是否愿意，都将会被它所左右。若领导者对下属尊重、关爱，则下属也必将会有相应的表示，以回报这份尊重和关爱，通常为一方面更加感激、信任领导，另一方面更加积极工作。

金钱等物质对员工的刺激所引起的员工对企业、对领导者的回报是有限的，而情感投入所引起的回报则是无限的，因为后者是发自内心的付出，是心甘情愿的付出。

在企业管理界，人们通常把以情感交流为主的管理模式称为"软管理"，领导者对员工发自内心的尊重和关爱，就是一种"软管理"。"软管理"是现代管理的新模式，是一种潮流。

既然潮流不可阻挡，就要学会适应，适应的结果不是损人利己，更不是两败俱伤，而是利人又利己。因此，作为企业领导者，一定要认清"形势"，舍得下"血本"进行情感投资。

给予员工知情权、话语权、参与权

不管企业员工选择了哪条职业生涯路线，他们都有参与到企业管理中的欲望。企业的决策制度其实都与员工的切身利益相关，员工对企业决策的制定有着极高的关注度，而若能直接让员工参与到企业决策的制定中去，他们必然会对公司决策更加赞同和服从。

员工在公司管理中的参与度越高，其工作热情和积极性也就越高。

在福特成为全球一流汽车制造厂商时，亨利·福特二世开始将更多的关注度放在员工的身上。他曾在股东会议上说："在过去，我们取得成功更多源于对汽车工艺的重视，而当世界进入高速发展阶段时，我们就要更重视人性要素的影响。我们与员工的关系，更应该像与客户间的关系一样，以高效、共赢的合同决定我们之间的合作关系。"

为了实现自己这一目的，也为了改善老亨利与员工间的恶劣关系，亨利二世启用了贝克为总经理。贝克上任的第一步，就是与每个员工进行亲切的交谈，在明确告诉员工自己不会辞退员工的同时，提醒员工也不要消极怠工了。在交谈中，贝克鼓励员工说出自己对公司的看法，欢迎员工对公司提出意见或者建议。

贝克始终站在员工一边，为解决员工遇到的困难或者问题，不惜牺牲公司的部分利益。之后，贝克甚至与亨利二世商量，要制订一项"员工参与计划"。在这项计划中，以车间为单位，员工可以自由组成"问题解决小组"，当车间出现问题时，小组成员可以会议商讨解决方案，商讨结果可以上报作为公司决策的参考信息。

这项计划在实施之后，员工不再只能根据研发部门的图纸生产汽车，而是能够对计划提出自己的意见。计划实施近一年间，公司共收到员工建议超过1000项，其中，合理化的建议共700多项，被采纳的多达500多项。其中不乏对生产效率有着极大提升作用的建议，亨利二世对员工参与度的重视的回报是丰厚的。

亨利二世为了扩大"员工参与计划"的影响，组织了代表团到各个分公司去宣传，让福特所有分公司都能够了解到员工参与度对其工作积极性的重要影响。

公司决策是全公司的事，那么，领导者就应该鼓励员工都参与进来。

如果公司每项决策的制定都有着相当数量的员工参与，员工就会认为这是他们自己做出的决策。而员工们都会对自己所做的决定产生强烈的责任感，福特汽车的每个研发方案都需要经过员工的"审评"，而一旦其意见被采纳，员工就会以实际效果证明意见的有效性。

公司决策都需要先进行全面的调研，而管理部门通常会在进行这项工作时，感到工作负担很重，那么，我们就可以让员工直接参与到决策中来。福特的公司决策则不需要在事前做内部调查，正是因为每个员工都可以在决策过程中直接表达自己的意见，管理者就没有必要策划各种调查活动收集信息。

"员工参与计划"式管理最先在日本企业中得到应用，经过多年的发展，各国公司都开始引进这种管理模式。"员工参与计划"式管理的核心内容正是在于让员工参与到公司决策中来。这一管理模式不仅能集中所有员工的智慧，还能通过激发员工的工作热情，提高公司的决策效率和正确性。根据日本企业多年的实践发现，较高的员工参与度，可以大大提升公司的经济效益，公司业绩在这种管理模式下，通常可以得到50%—100%的增长率。

企业一般可以采取以下几种方法让员工参与到决策中来：

1. 员工代表参与

企业领导者并不会让所有员工都参与到公司决策中来，而是选取少部分员工代表的形式。这种模式，其实对员工的激励效果很有限，毕竟员工的代表性很难确定。员工代表参与的实际意义更多在于，让员工参与到权力分配中来，以实现股东、管理者与员工之间的平等地位。

2. 质量圈

质量圈的理论基础是全面质量管理，全面质量管理则要求每个员工都关注公司管理的质量。一般来说，质量圈由10个左右的员工组成，他们通过定期会议的形式就公司管理的质量问题开展讨论，这个期限一般较短，大多为一周一次。

通常情况下，质量圈对公司决策只有建议权，而没有决定权。领导者可以在公司内部设置多个质量圈，通常以车间、部门为单位。

3. 员工持股计划

员工持股计划最初被作为薪酬激励的一部分，而员工持股实际上是让员工成为公司所有者的一部分。股东大会可以让员工切实地参与到公司决策中，是提高员工参与度的有效措施。

 运用双向忠诚法则

杰克和迈瑞负责把一件古董送到车站，上司再三叮嘱他们路上小心，没想到路上车坏了。如果延误送达，他们要被扣掉一部分奖金。于是，杰克凭着自己的力气大，扛起邮包，一路小跑，终于按时赶到了码头。这时，迈瑞说："我来背吧，你去叫货主。"他暗想，如果货主看到我背着邮件，把这事告诉老板，说不定会给我加薪呢。他只顾想，当杰克把邮包递给他的时候，一下没接住掉地上了，"哗啦"一声古董碎了。迈瑞大叫："你怎么搞的，我没接你就放手。"杰克说："你伸出手了，是你没接住。"杰克和迈瑞都知道古董打碎了意味着什么，工作丢了不说，可能还要背负债务来赔偿。

事后，老板对他俩进行了十分严厉的批评。迈瑞趁着杰克不注意，跑到老板的办公室对老板说："老板，不怨我，是杰克弄坏的。"老板平静地说："谢谢，迈瑞，我知道了。"老板把杰克叫到了办公室。杰克把事情的来龙去脉告诉了老板。最后说："这件事是我们的失职，我愿意承担责任。迈瑞的家境不太好，他的责任我承担。我一定会弥补这次的损失。"

后来，老板把他们叫到了办公室说："公司一直对你们两个很器重，想从你们两个当中物色一个人来担任客户经理，没想到出了这事，不过也好，这会让我们更清楚谁是合适的人选。我们决定选择杰克担任公司的客户部经理。因为，一个能勇于承担责任的人是值得信任的。迈瑞你从明天开始你就不用来上班了。""老板，为什么？"迈瑞问。"其实，古董的主人已经看见了你们俩在递接古董时的动作，他跟我说了他看见的事实。还有，我看见了问题出现后你们两个人的反应。"老板最后说。

任何一个企业管理者都清楚，一个勇于承担责任的员工对于企业的意义。事故发生后，推诿或者找借口，都是缺乏责任感的表现。因此，承担应有的责任，要把它当成一种习惯去培养。慌忙推卸责任并置身事外，只会伤害公司和客户的利益，也会伤害到你自己。绝大多数管理者都不愿意让那些习惯于推卸责任的员工来做他的得力助手。在领导眼里，推卸责任的员工，便是一个不可靠的人。

对自己的行为负责，对企业和领导负责，对客户负责，这才是管理者最喜欢的员工。在领导眼里他就是一个对企业对领导忠诚的员工。

员工对企业的忠诚取决于物质和精神的激励。其中物质激励包括：管理的方式、薪酬福利制度、企业文化理念和工作环境；精神激励则包括地位身份和名誉、受尊重和被认可的要求等。如果在这两方面能满足员工要求，同时，企业员工之间能够和谐运作、搭档之间能够以诚相待，上下级之间能够融洽交流，员工有一个良好的发展空间，那么员工的潜能就能充分地被激发出来。

想要处理好忠诚问题，首先管理者就要处理好企业和员工之间的利益关系。只有企业对员工忠诚，尊重员工，为员工自我价值的实现着想，才能赢得员工对企业的忠诚，彼此都能获益才是赢得员工忠诚的基础。

员工的忠诚对于企业来说是非常宝贵的，因为它是企业发展的基石。想要赢得员工的忠诚，首先必须对他们忠诚。比如说，当他们与客户、供应商或同事打交道遇到挫折时，你要提供必要的支持和帮助。

想要赢得员工的忠诚，要对员工有耐心，尤其在他们犯错的时候，要抱有一颗宽容的心。这样对方就会投桃报李。当一个人感觉欠你人情时，他就会设法报答你。相信很多人都有过这样的体会，当别人帮助我们时，我们可能会感觉不舒服，因为这会让我们产生一种依赖感，而人是一种需要独立感的动物。所以当我们向他人提供帮助，对其表达忠诚时，对方就会感觉"亏欠"我们，在情感上就会对我们有亲近感。

凯特琳要拉拢一位大客户，避免其转投其他供应商。这时凯特琳发现客户开来的发票上有个错误，她决定提醒对方，于是立刻拨通对方电话："瓦特先生，你订购了3500瓶葡萄酒，我要提醒你，发票上的单价写错了，你写成了38美元1瓶，我们的葡萄酒可没这么值钱啊。"此后，凯特琳在双方的业务往来中都会有意识地提到这次经历。

这样的行为看起来没什么，但却为凯特琳带来了巨大的回报。将来，当凯特琳需要对方提供帮助时，对方会欣然答应。如果你在某人遇到困难时伸出援手，对方就会对你产生巨大的忠诚和尊重。与此同时，研究表明，在工作遇到挫折并最终在领导或同事的帮助下赢得客户的员工，他对公司的忠诚度要远远高于那些没有遇到过挫折并接受过帮助的员工。

"家庭式"沟通

大家都有这样的感受，就是在和他人交往中，如果彼此关系良好，一方就更容易接受另一方的某些观点、立场，即便向对方提出一些不合理的要求，人们也不太容易拒绝。这在心理学上叫作"自己人效应"。例如，同样的观点，如果是喜欢的人说的，接受起来就比较容易。如果是讨厌的人说的，就会本能地抵制。有道是："是自己人，啥事都好说；不是自己人，一切按规矩来。"大家的内心或多或少都有潜在的"自我意识"，谁都不想被别人左右。如果他认为你是在说服他，那么他就会产生强烈的反抗意识，即使你说得头头是道，如何漂亮，在他心里也不过是一种伪装。

1860年，林肯作为候选人参加总统竞选，不幸的是，当时他的竞争对手是大富豪道格拉斯。道格拉斯租用了一辆豪华竞选列车。道格拉斯洋洋得意地说："我要让林肯闻闻我的贵族气味。"林肯面对这种情况，毫不在意，他登上耕田用的马拉车，进行沿街竞选演说："有人问我有多少财产。我有一个妻子三个儿子，他们都是无价之宝。我还租有一个办公室，有办公桌子一张，三把椅子，还有一个大书架，架上的书很多，值得一读。我本人既穷又瘦，不好看，我一无所有没有依靠，唯一可依靠的就是大家。"

正是这一句"唯一可依靠的就是大家"深深打动了选民。他们对林肯产生了"自己人"的感觉，从而大力支持林肯。

现如今很多企业的管理制度仍然是一种机械化的管理，给员工的感受是麻木的。这种情况造成了员工的压抑、异化的感觉，不能有效地融入企业中。这就需要企业改变管理模式，进行人性化管理，注重人情味和感情投入，给予员工家庭式的情感抚慰。

在《日本工业的秘密》一书中作者指出，日本的企业是一个大家庭，甚至是一个娱乐场所。日本的岛川三部曾说："我最大的本领就是把工作娱乐化和家庭化。"索尼公司的盛田昭夫也说："一个公司最主要的使命，是培养企业团队同员工之间的关系，创造一种家庭式情感，也就是管理人员和所有员工同呼吸、共命运的情感。"日本企业的管理制度特别严格，但同时在日本企业里普遍实行着健全的福利制度，充分显示了企业对员工的尊重、善待和关心，使其感受到企业家庭所给予的温情和照顾。对于日本企业的员工来说，企业不仅是靠劳动领取报酬的场所，更是满足自己各种需要的温暖大家庭。

海尔集团的"家庭式"情感管理，更是将这种对员工的关爱，上升为一种企业文化。海尔对员工的关心细致入微，在新员工军训时，人力资源部的领导会把他们的水杯一个个盛满酸梅汤，让他们一休息就能喝到；集团的副总专门从外地赶回来和新员工共度中秋节；集团领导对员工的心愿中有这么一条——"希望你们早日走出单身宿舍"；海尔还为新入职的员工统一过生日，每个人都得到一个漂亮的小蛋糕和一份精致的礼物。

1991年，海尔冰箱一厂的一位女工身患重病，公司领导十分关注她的病情，集团副总派人先后请来数名专家教授为她会诊。经过仔细检查，确诊为"肝脓肿"，这位女员工有了生的希望。更令人感动的是，在这位女员工做手术时，长达6个多小时的手术，集团的几位领导一直在病房外守候。事后，这位女员工感动地说："我的命是'海尔'给的！"在这种温暖的环境中成长起来的员工，怎么会愿意离开这个"家"，辜负这个"家"。

企业管理者让员工感受到家庭般的温暖，是众多企业管理者公认的经验。

不要把获取民心看作为收买人心。它的生命力是坦诚，而不是那些肤浅的手段。"人是最重要的！"这是一个企业管理者必须承认的。让你的员工感受到企业管理者对他们的爱，那么企业定会蓬勃地发展起来，这正是情感激励的力量所在。

作为一个企业管理者，应在搞好与员工关系的基础上来实施激励手段。让员工感觉企业管理者把自己当作"家人"，工作起来就会干劲十足，也会更有成效。

 做个善于讲故事的上司

大家都喜欢听故事，好故事能触动人心，并激励人们，教育人们。故事所传递的思想意识，往往比规规矩矩的宣传和教育更容易被人们所接受。所以，善于讲故事已经成了现代企业领导者的必备技能之一。

讲故事是一种向别人传递自己思想的方式，同样的故事经过不同人的加工之后，传递出来的信息也有所不同。故事是思想的载体，当你在讲述故事时，实际上已经将自己的某些思想融进了故事中，传递给听故事的人了，这种方式要比生硬地向对方灌输思想好得多。

很多人年幼时对外界的认知，实际上都来源于各种各样的故事，比如童话、神话和寓言等。当我们无法将复杂的世界观和价值观传达给孩子时，引导他们认识世界的方法就是讲故事。事实上，这种方法在成年人身上同样适用。

大家都喜欢听故事，很多人容易沉迷于小说或者电视剧，正说明了这一点。在看小说和电视剧的过程中，人们极易受到其中所传递的价值观影响，从而对事物转变看法。

作为企业管理者，以讲故事的方式去引导员工，比直接讲大道理要有用得多。但故事并不是随便就能讲的，当我们只将故事当作娱乐时，自然能信马由缰，但领导向员工讲故事，一般都带有教育目的，所以领导讲故事与普通人讲故事是不一样的。

著名的企业管理专家诺尔蒂奇先生将企业领导讲的故事归结为三类：

1. 以"我是谁"为故事核心，拉近与员工的距离

人们对别人的评价，在很多时候都受到感情的影响。当我们喜欢一个人时，即使他偶尔犯错，我们对他的评价也不会一落千丈，反而可能对他表示理解。但当我们不喜欢一个人时，哪怕他没犯错，也总会让我们感到不快。

作为企业领导，要想让员工服从你，首先你要获得他们的好感，而要获得他们的好感，第一步就要让他们认识你，对你有一个不同寻常的了解。

作为领导，首先要学会向员工讲述故事——"我是谁"。

任正非曾声情并茂地向他的员工讲过《我的父亲母亲》的故事，感动了华为所有人，其丰富的感情世界、顽强不屈的进取精神，无一不激励着华为员工。美国总统奥巴马当年也正是通过讲述自己的故事，在选举中声名鹊起。

2. 以"我们是谁"为故事核心，增强企业凝聚力，传递企业目标和团队价值观

让员工与自己站在一起，通过讲述"我们是谁"为核心的故事来阐述企业的文化理念，给整个企业灌输一个统一的集体价值观，以此来增强团队凝聚力。

3. 以"我们向何处去"为故事核心，描绘企业蓝图和愿景，激发团队的工作热情

这类故事的最终目的，是要让员工明确组建团队的最终目的，团队的发展蓝图和规划。这是关于企业发展的故事，通过讲述这类故事，给员工描绘一个愿景，激发团队成员对未来的热情。

三类故事传达了企业领导到组织，再到员工的价值观的统一。每位领导都应该深谙讲故事的技能，在适当的时间向员工讲述适当的故事，用最简单的方式传递复杂的价值观和世界观。

一个好的故事应该包括以下几个要素：

1. 生动的故事情节

故事最吸引人之处，在于情节。越是生动真实的情节，越能让人感受到精神世界的触动，也更能让人感觉身临其境。当员工在现实中遇到类似故事中的情节时，就会联想起当时故事主人公处理问题的方式，并以此作为参照。这也正是领导向员工讲故事的目的。

2. 符合组织需求的故事内容

领导讲故事，是为了影响员工，让他们接受团队的价值观。所以，领导讲故事时选取的故事内容、着重点，一定要符合组织需要，至于故事背景、参与者等，则没有过多要求。只要记住最重要的一点，那就是讲故事的目的是为了向员工传达某种观念，因此故事的发展、导向一定要符合组织的需求。

3. 符合实际情况的兴奋点

在选择故事时，一定要考虑听众的层次和需求，以及当时听众所处的环

境。每个人的兴奋点都不一样，一个故事无论多么精彩，如果无法触及听众的兴奋点，那么这个故事在听众心中不过是蜻蜓点水，留不下任何痕迹。

4. 跌宕起伏的戏剧性

故事一定要具备能给人惊喜的戏剧性。

5. 能触动人心的价值

故事一定要有价值，有价值的故事才能触动人心，让人产生新的认知和改变。

 ## 有效倾听，当好员工负面情绪的搬运工

解决阻塞需要合理疏导，这是最佳办法，将被阻塞之物引导到合适的地方，这样就能化解危机。

在工作或者生活中，人人都会遇到无法解决的困难，谁都有郁闷烦躁的时候。特别是现代社会，人们生活水平普遍提高，流行文化思潮不断涌变，人更容易滋生焦虑心理。

负面情绪慢慢在人们心里积压起来，如不及时将这些负面情绪排解掉，定会在某个时间爆发，从而形成巨大的伤害。

作为企业领导者，要留心员工的思想变化，找出隐藏在其中的不和谐因素，并适时进行疏导，努力将那些负面情绪排解掉。

可是，怎么样将这些负面垃圾清除掉呢？正确的办法是建立若干个疏导渠

道，再因势利导地将这些负面情绪垃圾清除掉。

盛田昭夫是日本索尼公司的创始人，一次他发现一名年轻的员工似有满腹心事，整天郁郁寡欢。于是盛田昭夫就坐在他的身边与他聊起来。

交谈中，盛田昭夫知道这个年轻人毕业于东京大学。索尼公司是他最想加入的公司，所以他大学一毕业就进入索尼。可是工作一段时间后，年轻人发现自己不是在为公司工作，而是在为课长干活，因为他所有的行动都要听课长的。他的一些小建议与小发明，课长不仅不支持，还挖苦他，让他难受。

盛田昭夫对年轻人的一番话很是吃惊，他想到此类的情况可能普遍存在，如果真是这样的话，那么像这名员工的苦恼，多数员工也一定会有。盛田昭夫非常明白这种消极情绪会极大阻塞人的上进之路，因此，盛田昭夫决定进行人事管理制度改革，以此消除滋生负面情绪的根源。

盛田昭夫很快让公司开始每周出版一期内部小报，报上刊登公司各部门的招聘信息。信息中明确写着员工可以自由去应聘，而他们的上级无权阻拦。索尼公司还主张各部门每隔两年就让员工换一次工作，努力为员工创造一个最合适的平台，以利于员工们发挥出才能和激发出创造性。

索尼公司正是通过改革，施行多种措施，才有效打通了阻塞员工上进之路的环节，也才避免更多的消极情绪的产生，保持企业发展顺利。

疏导不良情绪不易搞"一刀切"，不可盲目建立渠道，一定要切实有效，可根据实际情况的不同，从以下几个方面入手：

1. 成立心理疏导咨询室

通过专业的心理咨询师的帮助，让心理有障碍的员工们打开心扉，将焦虑、烦躁、抑郁、不安等负面情绪清除，同时，保障员工的心理健康，提高员工的心理素质。

2. 设立健身娱乐的场所

可以设立健身、娱乐、艺术类等场所，比如设立音乐室、健身房、书画室、棋牌室等。还可组织一些群体的体育活动，比如打球、拔河、做体操等。合适的娱乐和健身运动有助于人情感的宣泄和高尚情操的培养。

3. 适当提供休闲旅游的机会

可以定期或不定期地组织员工旅游。度假旅游能使人身心放松，心胸宽广，视野开阔，对负面情绪有一定的消解作用。

为了避免负面情绪的产生和影响，企业领导者还要尽力为员工提供一个良好的工作环境，以调动起员工的工作热情，避免负面情绪的滋生。

公司除了这些疏导负面情绪的方法外，企业领导者也可以根据情况，与下属私聊，以便更好地掌握情况、解决问题。

在员工有情绪时，作为企业领导者，首先，要学会并注重倾听。作为领导者要这样想："他已经非常痛苦了，就让他发泄出来吧。我暂时还没有更好的解决办法，所以我要听下去。"其次，领导者要有耐心，要耐心听完员工的话后再交流，不要轻易下结论；其次，要慎重对待，不能对下属的抱怨视而不见或持漫不经心的态度，要让员工觉得自己被尊重。最后，要尽量站在员工的角度来分析思考问题。

总而言之，企业领导者要尽力去成为员工负面情绪的监督员和搬运工，做好员工负面情绪的监督工作。一旦发现员工有消极情绪，就要千方百计帮助员工将那些负面情绪清除掉，给员工一个清新、健康的身心，这样员工自然能高效地努力工作下去。

当众称赞下属的方法

领导称赞下属或员工其实是手段而不是目的。当着众人的面称赞下属或员工，一是为了鼓励，让下属意识到领导对他的赞赏；二是为了给其他下属员工树立榜样，激励其他员工努力工作，干出成绩。当众称赞下属员工无疑是激励下属的有效方法。

可是，当众称赞某一位下属员工不恰当时，就可能引起其员工的不满或嫉妒，不仅对被称赞的员工造成坏的影响，还会损害企业领导者的威信和形象，激化团队的内部矛盾。因此，当众称赞某一位下属员工必须要考虑周全。

1. 企业领导者当众称赞某一个员工，首先要考虑控制住其他员工的嫉妒心理

秦始皇听说韩非有经天纬地、治国安邦之才，很想得到他，辅助自己成就大业。终有机会来了。韩王派韩非出使秦国，实际上韩非是做了秦国的俘虏。

韩非来到秦国，受到秦始皇的款待。秦始皇赞道："公子真知灼见，旷世奇才。"韩非口吃道："陛下……非欲……诚……笃……自……见……"半天说一句话，而后脸涨得通红，就沉默了。秦始皇问李斯、姚贾等，说："韩非学富五车，朕览其书，知其人深明安邦定国之法。朕赏其才，不知卿等意为如何？"李斯、姚贾见秦王如此欣赏韩非，嫉妒得要死，恐怕秦始皇提拔重用韩

非，恨不能把韩非活埋了，于是极力诋毁韩非，秦始皇的计划没有实现。

领导当众称赞一位下属，很容易让其他人心生嫉妒和羡慕，因此要切实把握好、引导好，把这种嫉妒和羡慕心理朝着有利于团队的方向引导。秦始皇没有能力控制住大臣们的嫉妒心理，反而导致了韩非之死，教训深重。

2. 当众称赞下属要有理有据

当众称赞一位下属必须要使其他人心服口服，要有理有据。"有理"就是要求领导的话有道理，经得起推敲。"有据"就是要有事实根据。"有理"和"有据"结合起来才能起到教育和激励的作用。

赵科长在总结工作时提到发表文章比较多的王某时表扬道："小王同志肯动脑子，喜欢钻研，成果很多，发表了许多篇文章，其他同志要向人家学习，搞些成果出来。"话没有说完，就有一位员工插话说："发表文章多并不代表水平高，那有可能是文字垃圾。有的人一辈子就发表一篇文章，但影响却很大，难道说水平低吗？"赵科长被反问了个哑口无言。结果弄得谁也不高兴。赵科长的尴尬在于他有据却无理，经不起推敲，所以其他人把他的称赞给堵了回去。

上面的当众赞扬某个人的例子很不成功，原因有二：一是当众赞扬某个下属不仅要有事实根据，更要有道理；二是要善于把握时机，一旦发现下属值得表扬的地方，立刻要发掘出表扬的道理进行当众表扬，千万不要拖拉。因为"夜长梦多"，当别人看到某人的出色业绩时，嫉妒心可能已经萌发，为了心理平衡可能会攻击被赞扬的人，因此如果赞扬"滞后"，难度可能就更大了。

3. 当众表扬某个下属，不能怀有心计，要有诚意

有的企业领导在表扬员工时，只想着怎么样树立自己的个人威信，为了收买人心，实际上并没有表现出真诚的欣赏，不管是被表扬者，还是其他人都如同被猴耍，这种做法根本不可能使领导如愿。领导表扬下属，必须先自己表示

出欣赏和诚意。

北魏时太武帝拓跋焘很欣赏崔浩的才智，聘他为顾问，并鼓励他集思广益、直言进谏。太武帝还以歌舞歌颂有功之臣，说智如崔浩廉如道生。在一次大型的酒宴上，太武帝指着崔浩，赞扬道："你们看这个人如此纤弱，但他胸中所怀的却远超甲兵之勇。朕开始时虽有征讨之意，但思虑犹豫不能决断，前后克敌获捷，都是这个人在引导我。"语中不无诚意。

"诚实是最好的政策。"富兰克林如是说。聪明的管理者在表扬下属时，都是发自内心的，是真诚的。太武帝对崔浩的赞扬，坦诚之情处处可见。

4. 给每个人以均等的机会

领导当众赞扬下属时，因为影响较大，应当坚持公平的原则，给团队里每个人以均等的机会。赞扬对事不对人，达到标准都要当众赞扬，而不能忽冷忽热，赞一个偏一个。这样才能创造一种公平竞争、努力向上的工作氛围。

 拿捏好赞美激励的尺度

很多企业管理者都知道批评员工不宜过重，但却不知道激励员工也需要把握好尺度。过度的赞扬和过多的荣誉都会令激励的效果打折扣，这一点管理者往往忽视了。

激励过度往往容易扭曲员工的价值观，将员工导向一个错误的位置。领导者需要将员工导向正确的位置，让被激励者知道努力工作不仅是为了公司，更是为了自己，让他们对企业有归属感，公司的利益与个人的利益都是一致的，不能让员工产生获得奖励才是工作的唯一目标，更不能让员工以为获得激励才算被重视。

下面这个故事，相信可以给大家一点启示：

很久以前，有一户人家有三个儿子，他们家很贫穷，三个儿子娶不了老婆，没人愿意嫁给他们。媒婆费了好大的劲才给老大说了一个对象，家里拿出了所有的钱，才把老大的婚礼操办完了。

村里人看见他们家的婚礼挺热闹，都觉得他们家的条件还过得去。于是媒人很快给老二也说了一个对象，女方也没啥要求，就是要求把婚礼办得跟老大的一样就行。一听说要把婚事办得跟大儿子一样热闹，家里二老就犯愁了，家里为了给老大办婚事已经倾家荡产，哪里还有钱再来一回啊？但为了让二儿子能娶上老婆，二老借了很多钱，才给老二办了一个还算风光的婚事。

大哥二哥都娶了老婆，老三着急了，因为他也该结婚了。时间不长，媒人给老三也物色了个对象，对方说只要办一场像他大哥二哥一样的婚礼就行。这时候，他们家里再也拿不出一分钱了，能借的钱早就借了。老大老二的婚礼都很风光，到老三时，二老却告诉他家里没钱了，老三一气之下就离家出走了。

领导者激励员工，一定要做到同等对待，如果做不到同等对待，员工就会觉得公司偏心，继而选择离开。就像父母养了两个孩子，父母只给其中一个孩子关爱，没被关爱到的孩子肯定会不高兴。一个企业的领导，对于激励员工这件事情要一视同仁，不然就会引起其他员工的不满。

企业激励员工的目的是让员工更加积极地工作，是树立员工自信心的最好办法。但大张旗鼓地表彰与激励，很容易变成闹剧，让员工觉得像是在演戏，不仅起不到作用，还会让员工自尊心受挫，让其他的员工觉得可笑。

韦杨莉是一家金融公司的员工，在金融风暴席卷全球时，她所属的公司也受到了巨大冲击。其他员工的业绩都比不上她。公司此时急需一个榜样激励其他员工，韦杨莉此时的表现正好符合公司的期望，因此公司特意举办了一场表彰会，在会上对韦杨莉大力赞扬，这让韦杨莉非常不好意思。之后，领导又拿出一篇早已写好的演讲稿让韦杨莉照着念，韦杨莉一看这篇演讲稿，里面的赞美之词太过肉麻，导致她在演讲时特别难堪，时不时卡住，台下员工听到这样的演讲都哄堂大笑。

　　韦杨莉非常难过，她觉得自己就像一只马戏团的猴子，成为台下人的笑料。这件事对韦杨莉的反作用很大，甚至一度在别人担心自己业绩不佳时，她却担心自己业绩太好会不会像上次一样又下不了台。

　　上面故事说明大张旗鼓的激励未必会带来正面的效果，更糟糕的是，领导对韦杨莉的表彰不仅没有起到激励的作用，反而让员工们怀疑公司是不是已经穷途末路了，在虚张声势。

　　不同性格的员工，会对过分张扬的激励形式表现出不同的反应。大张旗鼓地激励员工，很可能会让另外一部分不活跃员工产生不悦，产生反效果。

　　某大型中介公司在扩展业务时扩建了两栋大楼，今年恰好又是公司成立十周年，于是公司筹办了一场大型庆祝活动，一来庆祝公司的蓬勃发展，二来也借机对公司进行宣传。整个活动斥资百万，计划举行三天。

　　然而，突然发生了意外，已经建到一半的大楼被居民投诉说影响居家采光，公司只好停止了两栋大楼的建设。公司不得不把庆祝活动缩水成小型聚会，以员工聚餐形式草草了事。

　　大张旗鼓地举办庆祝活动有很多缺点，提前放消息更是弊端之一。因此要想激励员工，得让员工得到看得见的实惠，而过分张扬，未必会起到理想的效果。

挖掘员工自我实现的自推力

——荣誉、授权与晋升激励

让"要我干"变成"我要干"

中国古语有云："水不激不跃，人不激不奋。"在西方也有句名言："人们总是喜欢去做受到奖励的事情。"这些名言警句都说明了人是需要激励的。在企业管理中也需要对员工进行激励，以致让整个管理更加顺畅。

可是，哪种激励可以使员工更加主动顺从公司的管理呢？答案是：股权激励。因为，股权激励能让员工从"客体"变成"主体"，将员工与企业的利益紧紧捆绑在一起，让员工觉得自己不仅在帮企业获取利益，同时也在为自己获取利益。

多数企业都存在着这样的问题，管理者对员工管得越多，要求越多，员工就越没有动力，结果越管越乱。而股权激励可以让员工成为公司的"老板"，这样员工就能自觉自愿地管理自己，把企业管理者的"要我干"变成"我要干"。一般情况下，员工都有一种被动心理，工作是为了工资或企业，而自己是老板的赚钱工具，是被老板剥削的，所以工作的主动性和积极性特别差。出现这样的心理主要是因为"位置"不同，从而看待工作的角度也不同。

而股权激励刚好能改变员工的这种心理，让他们从打工者变成"老板"，把他们自身的利益与公司利益紧密结合起来，把企业的发展当作自身的发展，把公司的发展前途和未来当作自己的发展前途和未来，很好地将个人与企业完美地绑在一起。此时，被股权激励的员工将会从"要我干"变成"我要干"的状态，把自己的精力、技术、经验以及创新能力等运用在工作岗位上。

同时，其他没有享受到股权激励的员工，也会因为有的同事因努力工作得到股权奖励的行为激励从而积极工作，在工作岗位上发光发热，争取自己能够得到这份激励，享受到公司"分给"自己的利益和好处，提高自己的综合收入。

企业想要彻底激发员工的工作动力，就必须要让员工看到未来和希望，更重要的是让他们看到实在的东西——股权。企业的股权激励，不仅可以培养一些优秀的员工为企业尽心地工作，还能让企业走上高速发展的道路，何乐而不为呢？

股权激励能够有效地让"要我干"变成"我要干"，可见其优点是显而易见的，其优势具体表现在如下几个方面：

1. 使员工端正心态，提高团队的凝聚力与战斗力

企业一旦实行股权激励，那么从员工到股东，从代理人到企业的合伙人，身份全部转变了，而这种转变一定会带来员工在工作心态方面的改变。员工感觉之前只是在为企业或股东打工，但如今自己也变成了股东。即身份的转变会带来工作心态的改变，使得员工比以前更加关心企业的经营、未来和发展状况，也会全心全意来抵制所有损害企业利益的不良行为。

2. 规避短期行为，维持企业发展的长期战略

企业管理学家认为，企业人才的流失是由于"缺乏安全感"，让一些员工，尤其是对企业非常重要的员工，为了短期利益而频繁跳槽，这会损害企业发展的长期利益。而随着企业与员工签署股权激励，把双方的利益绑在一起，就能够保持企业长期发展战略的连贯性。

3. 吸引外来优秀人才，为企业输送新鲜血液

企业通过股权激励可以不断为自己吸引外来优秀人才。这是因为，对于这些优秀人才来说，他们不仅会在意固定薪酬的高低，而且也会在意所拥有的股权或期权的数量及价值，因为这也是一种身份的象征，也是对其内在价值的一种充分肯定。

4. 降低成本支出，为企业储备能量

当金融危机来临之时，企业对于支出现金就会谨小慎微，很多企业的现金流也会捉襟见肘。通过股权激励则可以替代企业支付一部分的固定薪酬，这将大大降低企业的经营成本，为企业能够度过危机而储备足够的能量，并实现企业和员工之间的双赢。

贝斯特国际事业集团在应用股权激励员工工作积极性方面可以算得上是典范。他们规定：只要员工为公司获签一份新合同，就有机会购买与合同金融成一定比例的股票，并允许员工购买各种"先锋"基金和公司股票。

除此之外，为了奖励和留住优秀的员工，公司也会留出一部分股份，根据员工个人表现把它们作为可选择购买的股票或作为奖金提供给员工，到年底时，约有一半的员工可以得到股票。

同时，每年有200名员工（他们被认为是企业未来的领导人），每个人可以得到价值2.5万美元的公司股票，这些股票暂由公司代管，7年后归员工个人，并附加规定他们如果离开公司将失去这一切。这些股权激励手段，极大提高了员工的积极性并留住了人才，让公司财富和规模不断扩大。

个人梦想与企业愿景的结合

在企业界，企业愿景是所有成员为之奋斗并希望达到的图景，是组织的一种意愿表达，概括了企业未来的目标、使命以及核心价值。

对于企业领导者来讲，愿景已经成为他们所必需的一种职业期许、一种感召力。若领导者树立了自己的"愿景"，有助于员工更好地得到发展的设想与空间，让员工对公司更有归属感。从而调动起员工更大的工作激情，使其更加努力地工作。

社会心理学家马斯洛曾对杰出团队进行过精心研究，他发现这些杰出团队有一个很显著的特征是拥有共同的愿景与目标。他还进一步发现在那些杰出的团队中，个人的目标与团队的愿景已经无法分开了。

首先，我们可以从中获得这样一个启示：企业要想获得长久发展，一定需要有自己的愿景。因为共同愿景的驱动力有时候是非常强大的。

实际上，任何一家大企业都有自己的共同愿景。如麦当劳把控制全球食品服务业当成愿景；迪斯尼把成为全球超级娱乐公司当愿景；通用电气把让世界更光明当作自己的愿景；华为把丰富人们的沟通和生活当作愿景；等等。

其次，我们还可以从中获得另一个启示：要将个人目标与企业的愿景结合起来，将个人目标的实现融进企业愿景的达成中。正如马斯洛所说，个人愿景与团队的愿景是无法分开的。个人要想实现自己的梦想，只有借助于企业意愿的达成，个人梦想才有可能得以实现，否则很难达成。

个人愿景是员工个人的职业生涯规划，是员工在企业内部追求的薪资、地位、技能的综合体。

由于共同意愿是由个人意愿汇聚而成的，也就是说，企业意愿的达成也需要通过组织成员的努力而实现，如果组织成员不努力工作，企业意愿是根本无法实现的。如果企业愿景仅仅是领导者自己的愿景，那么企业愿景将不具备凝聚力，领导者也不会赢得员工的追随。

所以，领导者在重视企业和团队目标如何实现的同时，也要关注团队成员个人的目标。努力实现组织目标和个人目标的和谐融合。这样才能有效增强团队的生命力和战斗力，顺利达成组织目标。

3M公司是世界500强企业，它在实现企业愿景的过程中，就是将员工个人梦想的实现融进共同愿景中去。比如，公司领导者允许公司员工做自己产品的操盘手，公司会提供研究经费，安排研究时间，也允许失败。

正是这种将企业意愿与个人梦想结合的策略，让3M公司在100多年的历史中开发了6万多种高品质产品。新产品层出不穷，令人耳目一新。

在一家企业的总裁办公桌子上，摆放着一块写满了小字的大白板。这些密密麻麻的小字是公司员工的姓名和他们这一年的目标。这些目标各不相同，有的希望自己在年内能够晋升为主管，有的希望能够掌握一门新技术，有的希望自己能够多挣钱，还有的希望将父母接到自己身边……

为什么将这样的白板摆在总裁办公室？是因为总裁在带领员工实现组织目标的同时，能够随时看到下属的个人愿望，以便努力让两者融合起来。

由此可见，上述的公司领导都深谙组织和个人目标融合之道，他们明白组织目标和个人目标是并行不悖的，是可以有效地融合在一起的。

实际上，很多企业的意愿往往会沦落成为领导者一个人的事，一个很重要的原因是领导者没能给员工提供看得见的好处，没有做到两者的统一。解决、突破的办法是找到企业与员工利益的一致性，展现出大家可以从逐级实现企业愿景过程中得到的价值以及利益。

很多企业领导者总抱有这样一种认识，认为自己的职责就是"管"好企业，"管"好员工，所以应当将大部分的精力用在组织架构、组织规章制度的制定与执行，以及组织成员的调配与控制上。固然，领导者应该"管"好上述这些，但仅仅做好了这些，还是不够的。社会在不断进步，人们的需求也在不断提高。大多数人都不仅仅只求温饱，他们有更高的追求，想要获得尊重和认可，想要获得能力和地位的提高。他们希望自己的工作有意义，有价值。这种情况下，就需要领导者用企业的愿景来引导员工和整个企业。

企业领导者不应把目光紧紧盯在企业愿景上，而应站得更远，将个人的需求和梦想也囊括进自己的视野，并将两者很好地结合起来。这样企业才能获得长久发展，个人才能赢得信服和追随。

 展开评比活动，颁发内部证书

企业领导者如果只关注员工的业绩，就必然会忽视员工的自我实现的愿望。而从社会心理学角度来说，经常提及员工的优点和长处，就能够让员工表现得更加出色。也可以这样说，企业领导者如果能够正视员工工作之外的长处，员工的工作热情也会得到提高。

1. 企业领导者要让员工都有机会获得荣誉

由于工作能力的限制，好多员工确实无法在业绩这一方面有突出表现，他们默默无名，当然会觉得被冷落了。这时，企业领导者可以采取非业绩性的竞争模式，给员工有获得荣誉的机会，让荣誉激励扩散到每个员工身上。

如果员工长期得不到认可，甚至每次业绩评比都末位，他们自然会产生自暴自弃的感觉。非业绩性竞争则可以帮助员工找到业绩之外的优势，让员工为了维护这种荣誉而积极地工作。

企业领导者采取非业绩性的竞争荣誉激励，正是因为它的扩散性。每个员工都期望得到荣誉，而一旦得到荣誉，他们就会努力做到最好。而对于个体而言，他们会认为这是对整个人的肯定，这就激发了他们完善自身以维护荣誉的欲望。

2. 企业领导者可以组织开展非业绩性竞争活动

企业领导者既然要让员工获得这种荣誉，首先就要创造条件，让员工有这种机会。在工作业余时间或是节假日，领导者可以举办各种形式的非业绩性竞争活动，以最大限度地增加员工获得荣誉的机会，毕竟，每个员工总有某方面比较擅长的。乒乓球赛、辩论赛、羽毛球赛、歌唱比赛、诗歌朗诵、舞蹈比赛等都是可以采取的活动形式。但领导者必须能让员工广泛参与进来，活动要大众，不能太小众了。

在很多的企业中，都会举办各种各样的评比竞赛活动，这些活动确实可以让员工在"力争上游"的氛围中更加努力工作。

既然要评比，我们就要制订一个全面的评比活动办法，并颁发内部证书，同时配合其他奖励。

"评比、荣誉、奖励"的组合激励手段，是对荣誉激励的完美应用。

评比活动必然会增强公司的竞争性，员工为了在评比中成为佼佼者，就必须努力提高自己的工作业绩。荣事达开展的"星级员工"月度评比，通过评比最大限度地激发员工的工作积极性，以带来公司销售额的飞速增长。

　　企业或团队员工往往热衷于在评比中获胜，因为人们都希望通过评比而赢得荣誉。通过评比获得的荣誉与领导者直接赋予的荣誉在本质上是有区别的。荣事达不会直接给予业绩突出的员工以奖励，正是因为评比可以证明当选员工的优秀是实实在在的，员工才会感觉这样获得的荣誉更具说服力，更有成就感。

　　评比活动是荣誉激励最有效的表现形式，但很多领导者在使用时却收效甚微。这是因为，多数公司的评比活动，评比项目少，内容模糊，无特色。

　　正如称号和头衔一样，针对性始终是荣誉激励的问题。荣誉本身就是一种看不见的激励手段，然而，很多领导者很实诚地将这种特性突出出来。比如，学校里面叫"优秀少先队员"，公司里面就有个"优秀员工"；学校里面叫"积极分子"，公司里面同样叫"积极分子"……这些没有诚意的评比，只会让员工感到反感。

　　荣誉激励的本质在于名声，如果员工好不容易当选公司的"优秀员工"，领导者却只是草草地开个会，那就有点"雷声大雨点小"的感觉了。公司可以举办一次全体员工聚会，将颁奖礼作为重头戏举行，隆重的颁奖礼可以让荣誉激励的效果得到最大化。

　　可以说，我们中国人都有一种"证书情结"。企业领导者可以为员工颁发内部证书，证书本身就是对员工所获荣誉的有力认可，制作精良的证书也让员工有珍藏和展示的欲望，无形中，员工的自豪感和对公司的认同感就会得到大力提升。

适当赋予称号和头衔

权力、职位通常都是有限的，薪酬激励又意味着成本的增加，而称号和头衔则不同，这几乎是"取之不尽用之不竭"的资源，而且不会增加企业任何成本。

IBM公司为自己的员工开设了一个"100%俱乐部"，只要公司的员工完成了预定的年度计划，就能成为这个俱乐部的会员。而"100%俱乐部"在年终还会举办隆重的聚会，所有会员及其家人都会被邀请参加。除此之外，IBM的员工还有机会获得"鹰奖"的称号。IBM的员工几乎都将成为"100%俱乐部"的会员作为自己工作的首要目标，他们都想家人和自己一起享受这份荣耀，也就是说，每个IBM员工都在努力完成他们预定的计划。

日本电气公司还在管理中开创使用了"自由职衔制"，企业领导者在激励员工时，可以自由地赋予员工称号和头衔，而不必局限在"代理部长""副经理"等普通的头衔，只要是与员工业务相关的，电气公司的领导者就可以脑洞大开地为员工起一个好听的头衔或称号。保洁工可以叫作"后勤专员"，水电工可以叫作"技师"，打字员可以叫作"行政专员"……

企业领导者应该慷慨地赋予员工一些头衔或称号，要知道，这些头衔、称号带来的激励效果，对领导者而言，简直是"免费的午餐"。

随着企业员工精神需求的不断增强，每年勤勤恳恳的工作只是换来一两个月工资的年终奖，这实在没什么大的诱惑力。但如果能成为公司的"星级员工"，进入一个专属的圈子，如"100%俱乐部"，员工的工作热情则会大大增强。

企业里，还有很多员工会感觉自己的职位名称实在是拿不出手，比如，秘书、打字员、前台、助理、文员通常会被认为是打杂的，是无足轻重的职位。然而，我们只需要换一个名称，"行政专员""××技师"无疑会让员工觉得更体面一些。

社会物质水平和文明程度在不断提高，员工不仅期望能够得到物质奖励，更需要在精神上得到满足。荣誉可以说是精神激励法的终极手段，企业领导者首先需要引导员工增强集体荣誉感，将称号和头衔作为对员工荣誉的具体表现，员工就会以此作为自己的工作目标而努力工作。

企业领导者往往也会发现，"优秀员工""积极分子""星级员工"这些称号并不能带来实际的激励作用。这其实是因为，领导者并没有真正地重视这种荣誉激励的重要性，这些称号对于员工而言只是一种噱头，员工感受不到其中的诚意。

"优秀员工""积极分子""星级员工"之类泛泛而谈的称号由于缺乏针对性，无法得到员工的认同。企业领导者不妨在赋予员工称号的同时，多花费一些精力，想一些更有特色的称号出来。比如，生产部门的"最优质量奖""成本节约王"，销售部门的"年终销售奖"，人事部门的"伯乐奖"，等等。

有的企业领导者正是看中了头衔和称号的无需成本，在使用时几乎达到了滥用的地步，这个是"最优"，那个是"最佳"，这个"王"，那个"帅"，几年下来，每个员工都顶着好几个称号或头衔，这让员工怎么能感受到荣誉呢？

光秃秃的一个称号或头衔会让员工感到太"虚"太"假"，企业可以配合一些物质奖励，这里的物质奖励并不是奖金之类的，而应该是特别的、配合称号和头衔的。管理者可以授予一座奖杯、颁发一块奖牌或者奖给一件特殊的工艺品……

 ## 学会授权，让员工独当一面

企业领导者要做权力的主人，而不能做权力的奴隶，因为权力是柄双刃剑。权力只是一种手段。所以，不必死抱着权力不放，只需要把大事处理权抓在手中，而将次要权力授权给下属，让下属分担相应的责任。优秀的企业领导者从不会干死抱着权力不放的傻事。

曾有一个企业领导说过：

"在我的工作中，有这样一个教训，切不可一个人专权，而要认真挑选人才，然后授权给他们，让他们独立做主，当然最后的责任还得你自己来负。同时，我相信，一个领导者的成功，不是他一个人的成功，而是让他下属获得成功，其实这也是领导者的成功，企业的成功。"

上面的话表明，领导者要学会利用下属处理事情，懂得授权可以发挥团队协作的精神。领导者要学会"抓大放小"，不要专注于琐事上。对于那些下属可以完成的事，要果断地授权下去，给下属发挥才干的空间，激发他们的工作热情，给企业发展提供活力。

孔子的一个学生名叫巫马期，曾担任鲁国单父县的县令。他在任期间废寝忘食，任劳任怨。一年后，该县大治，而巫马期也因为劳累病倒了。孔子又推荐另一个学生宓子贱担任该县的县令。宓子贱欢快地走马上任。宓子贱当了县令后，他经常弹琴钓鱼，整日优哉游哉。一年又过去了，单父县依然大治。巫马期看着健康而又精力充沛的宓子贱，颇有感慨地说："一样是县令，你身体健康，我却成了病鬼，我被自己的病耽误了。"可是到宓子贱却说："你想凭个人力量使单父县大治，但一个县等待处理的问题实在太多了，凭一己之力强行去做，能不累倒吗？而我与你则不同，我最大限度去安排能人贤士来为我工作，如此既能取得大治，也不必过于劳累。"

从以上两种截然不同的行为中可看出授权的重要作用和意义。

如果领导者事必躬亲，一来显露出对下属的不信任，二来也会使下属失去发挥的机会，这样会使下属的工作热情大受打击，进而影响企业的发展。

有很多领导者觉得自己不授权给下属是有苦衷的，他们会列出很多客观理由。比如怀疑下属的能力，不愿意使自己领导的威信受到影响，不愿承担授权有误的责任，害怕失去对任务的控制……

这些理由看上去没问题，但是他们却忽略了这样做的负面影响。所以，无论不授权的理由有多客观，原则上都是不对的，领导者一定要学会授权。

授权也是有讲究的，不是随便指派一个人就行了，而是要遵循一定的规则和技巧。这样才能让授权起到激励的作用。领导者可通过下面5步完成有效的授权：

1. 分清大小权力

事关全局的权力，就是大权。下属不能处理的问题，须由领导决定，这种权力也是大权。对于一个组织而言，决策权属于大权。企业里那些"不可替代性"的垄断权力，也属于大权。执行权则是关于一般操作的权力，一般属于小权。

2. 细分责任

这是授权的第一步，也是最重要的一个环节。细分责任目的是让受权者明确这次授权必须要完成的任务，明确此次授权涉及的范围，以及目标完成后的标准。

3. 授予权力

就是授予受权者完成目标的权力。同时，最好授权者和受权者当面沟通，以达成共识，促进授权顺利进行。

4. 检查和追踪

在细分责任、授权之后，还要对所授权的事务进行检查和追踪，以便掌握进度和完成情况。

5. 结束评估

任务完成后，要进行完成评估。这是授权的最后环节，结果不重要，重要的是通过这个环节做一次总结，以便在下次授权时能够做得更好。

在按步骤进行授权时，要把握好一个度，防止过犹不及。已经授权了，就不要去横加干涉，事必躬亲，这些行为都妨碍了授权的有效性，也就是假授权。

授权时要注意对象的选择，避免导致失败的授权。

总而言之，企业领导者要努力做那些别人不能做的事情，而尽量不要做那些谁都可以做的事情。做自己应该做的事情，企业领导者才能让自己成为团队的核心，获得认同，也才能让团队更有凝聚力。否则，团队就会因没有中心而松散下来，团队成员也会变得颓废和消极。

不越界的"授权工作清单"

科学的授权可以让企业领导者从烦琐的事务中抽身出来，全神贯注地去做那些关系比较重大的事情，专注于提高企业的管理效率。但是要清楚一点，这是在科学授权的前提下才能达到的效果，如果授权不科学，就不会出现理想的效果。

企业的领导者要清楚，授权不是一件简简单单的事情，要想让授权达到理想的效果，必须要清楚什么样的工作可以授权，什么样的工作不能授权，哪些工作可以彻底授权，哪些授权需要监督和限制。在准备正式授权之前，领导一定要对必须完成的目标任务按照大小责任进行分类，给排排队，然后再进行具体不同的授权。一般情况下，不同类的工作对应不同的详细授权要求。最后制订出一张清晰的"授权工作清单"。如下：

1. 必须授权的工作

这类工作应该是领导者不必亲自去做的工作，比如那些即使出现错误也不会影响大局的琐碎工作。因为不会影响大局，这类授权风险非常低，企业领导者不必为此担心，大可放心地授权下去。

有不少企业领导者之所以没将这类无关紧要的工作授权下去，一是因为自己喜欢做这类工作，而不想交给别人去做。二是因为已经习惯去做这类工作。

企业领导者一定要打破这种思维惯性或者惰性，把这类工作授权给下属去做，腾出时间和精力去做事关大局的更紧要的事情。

2. 应该授权的工作

应该授权的工作是一部分下属可以胜任的日常例行公务。一般情况下，下属会对此类工作很有兴趣，想得到这样的机会挑战一下。对此，企业领导者在准备授权时，要衡量一下工作的实际情况，搞清楚授权对象，确保不会出现较大的差错。

3. 可以授权的工作

可以授权的工作有一定的难度和挑战性，被授权的对象必须要有相关知识和技能的人才能胜任此类工作。对可以授权的工作的授权，领导者要谨慎一点，人选要定位为有一定相关知识和技能的人。授权后，还要想办法为授权的对象提供完成工作所必需的帮助。将可以授权的工作交给下属，可以有效地锻炼和提高下属解决问题的能力。

4. 不能授权的工作

不能授权的工作至关重要，它关系到企业的成败和得失，需要企业领导者牢牢把握，万万不能随便下放，否则只会让自己和企业处于危险的地位。这类不能授权的工作一般包括人事赦免权、关系协调权以及危机处理权等。

"授权工作清单"的制作是非常有必要的。它能让企业领导者清楚地了解到什么样的工作需要授权下去，什么样的工作授权要慎重，又有什么样的工作不能授权给下属，这样才能更好地协调、安排工作。

授权给下属，对下属来说也有着非常特别的意义。一是使下属获得了锻炼的机会，提高了处理解决问题的能力；二是增强了下属的责任意识，并激发了他们的工作热情积极性，进而增强了对企业和领导的忠诚度和认同感。

特别要注意的是，"授权工作清单"要制订得清楚明确。什么样的工作要授权，什么样的工作不能授权，什么样的工作授权给哪些人，都要清楚明确，让人一目了然。如果责任和权利不清楚、授权混乱，则不会起到应有的作用。

 # 打开晋升通道，储备骨干力量

晋升激励就是公司为员工提供升职的机会，从而达到激励员工的效果。而晋升激励最重要的一步就是规范化的晋升途径。

晋升途径的意义并不局限于员工个人的晋升，还应该考虑到公司每个岗位的发展前景，为每个员工提供一条明确的晋升通道。出纳会计到财务主管、普通文员到高级文员、仓储管理到物流经理……公司要避免的是，员工在多年的勤奋工作中，获得的只是薪酬的点滴增长，工作了10多年的老会计不会愿意继续做着出纳的工作。

企业有了规范化的晋升途径，才能获得更多员工的支持。这样做的好处是：

1. 防止人才流失

企业员工离职的一个重要原因就是：没有晋升途径，晋升无望。如果企业能够为其提供一条或几条规范化的晋升途径，员工就能安心地留在公司。企业员工都知道，在其他公司能够获得的晋升机会，在自己公司都可以获得，那么，何必要"跳槽"呢？

2. 提高工作热情

晋升途径规范化，就意味着晋升机会的公平公正。每个企业员工想要获得更高级别的职位，都需要经历一个相同的晋升途径，谁都不能"跳级"晋升，谁也不会与其他岗位的员工恶性竞争。

企业为员工设置的晋升途径必须是规范化的，当然，晋升途径并不是唯一的，公司要根据自身的实际情况，做出决策。

1. 水平历练制

"轮岗制"是水平历练制的通常体现，公司可以为每个员工在直接晋升的基础上，安排一个考察期，让员工到各岗位上进行水平历练，以考察结果决定是否晋升该员工。这里的"各岗位"必须是员工将要担任的职位下辖或相关的。

2. 直接晋升制

企业中最常用的一种晋升途径就是直接晋升制。每个员工的晋升途径，都是一步步地替代自己的上级主管。这种直线型的晋升途径，其优点在于途径明确。这种途径的缺点也很明显，主管下的员工们竞争压力大，发展空间也有限。对于企业而言，这种晋升途径只培养了员工的专业能力，却不利于对"多面手"人才的培养。

3. 多途晋升制

多途晋升制在于晋升途径的多样化，新员工所任岗位并不一定是其最适合的岗位。企业可以在一段时间后，为其提供多种晋升途径，比如，行政管理、部门经理和技术主管。企业通过对员工工作能力的评估，帮助员工选择适合的晋升途径，以降低员工的竞争压力和工作压力。

4. 双轨交流制

双轨交流中的"双轨"是指管理轨道和技术轨道，员工可以"随时"在这两条轨道中做出选择。公司首先要保证管理轨道和技术轨道的发展速度相同，以避免专业技术员工"降级"晋升为管理人员而造成的工作能力浪费。

　　企业制定了规范化的晋升途径后，就要设置一个合理化的晋升标准。很多企业空有晋升途径，却缺乏科学合理的晋升标准，使员工没有办法感受到晋升的公正、公平、公开。大家知道"互相猜疑"是对工作效率的最大浪费。

　　想要建立一套科学合理的晋升标准，就要制定一套健全完善的考核制度并对其贯彻执行，确保考核成绩在员工晋升中的关键性作用。

　　晋升的最重要意义在于为企业选拔人才，而有的企业却忽视了晋升标准的重要性。在很多企业，员工只要在其岗位上熬上几年，就可以凭借其"资历"获得晋升。这在麦当劳不可能发生，每个员工的晋升都必须是因为其工作能力突出。

　　员工晋升有其标准，而晋升标准的制定必须科学合理。另外，企业必须认识到，晋升并不一定是向上的，公司在设置晋升标准时，同样需要设置降级标准，若员工工作表现达到降级标准，我们就要对其进行降职。

　　一个完善的晋升制度，其程序必须是公开的。晋升程序的公开化可以有效地保证员工晋升的公平性，晋升是否公平是员工工作积极性高低的重要影响因素。

　　企业如果无法保证晋升程序的公开化，员工就会怀疑晋升过程中是否存在"猫腻"，也会为个别员工"钻空子"提供机会。

 ## 晋升职位，业绩不是唯一标杆

　　奖金激励对于员工来说固然重要，但晋升激励的效果会更好。这是因为，晋升激励是对员工身份地位认可的具体体现。因此，晋升激励不但可以提升员工的职业素质和工作能力，而且还能调动他们的主动性和工作热情，并在企业内部营造出一种公平竞争的激励氛围。

一般来说，晋升员工时要有对应的薪酬相匹配，这样才能更好地发挥晋升激励员工的作用。另外，有些企业在员工薪酬的具体设置中，有的只是针对个人而不是针对岗位，这也被称为资历工资。即随着员工资历的增长，尽管岗位没有发生什么变化，但依然能够取得这份逐渐增长的工资。

企业可以通过规范员工岗位的类别途径，为他们建立晋升的阶梯，为其职业生涯打通通道。这样，员工在工作中就能够目标明确地通过自己的努力，来不断地取得晋升。就好像是让池中的死水变成活水，不断地流动起来一样。也就是说，通过晋升，还可以不断激活员工，使得他们在提升业绩的同时，还能提升自己的能力，企业才能实现持续发展。

当企业对晋升途径进行规范，并建立相对应的晋升阶梯之后，并不说明员工凭借自己的工作时间长短就能够随意晋升职位。也就是说，晋升职位不是大家轮流的，而是要具有一定的标准才行。此外，员工晋升的标准必须明确化，只有这样才能让员工明确进步的方向。

如果一些企业的岗位设置已经达到了顶端，不能再为员工提供更高的职位，那么企业为了挽留这些较高职位的员工，就需要一方面采取增加薪酬的方式，而另一方面采取改变员工头衔的方式。

企业管理者在选拔员工时，需要遵循"只要员工出色，即可得到提拔"的原则，同时，还要对其进行"适时提拔"。这样，才能满足员工的实际需求，并使其感受到管理者的信任，进而努力工作，不断地提升自己的业务能力。

在企业里，每一个员工都有其"能力饱和曲线"，也就是员工在岗位的任职期间，会有一个工作状态最佳的阶段。如果企业管理者能够很好地掌握员工的"最佳状态阶段"，就可以给他们提供一个新的"用武之地"，使其才能得以最大发挥。

西门子公司是德国在世界上最大的机电类企业之一，西门子公司取得成功的经验，其中最重要的一条就是，管理者特别重视人力资源开发，并将晋升的岗位留给公司中出色的员工。

在很多企业的管理中，一些员工本身所具有的巨大潜力，往往被管理者忽视或埋没。因此，为了企业的发展和长远利益，管理者应当像西门子公司学习，善于识别企业内部人才，让他们不至于被埋没。同时，在选拔的过程中，也要多拓展选拔的思路，并通过多种渠道、大范围地进行筛选，力求把晋升的岗位留给那些最优秀的员工。

晋升激励，是对企业优秀员工的一种最具体和最有意义和价值的肯定和奖励方式。只要对员工晋升得当，就能够产生积极的导向作用。这是因为，晋升激励不仅能够鼓励、培养一些优秀的员工，还能够激励公司所有员工的士气。

第六章

06

摆出反面激励的冷面孔

——批评、挫折与危机激励

反激励的正效果

　　不管是对世界、对社会，还是对自己，每个人都有不同的价值观。自己有多少价值，自己很清楚。当有人否定自己的价值，就会激起好胜之心，产生一种不服气的情绪。这种不服气的情绪不仅可以运用在员工之间的竞争之中，还可以用在激励员工上。

　　激将法是自古以来就被广泛运用的一种激励手段，对于特别困难的任务，正面激励员工起到的效果反而不如激将法。

　　激将法可以激发下属的斗志，怀疑、担心、轻视都会让员工生出不服气的心理，员工在这个时候往往可以发挥出最佳的能力。激将法并不是对所有的人都适用的，一般来说冲动好胜、外向热情的人比较容易受到激将法的影响，而深沉保守、性格多疑的人对激将法则有根本上的免疫力。另外就是运用激将法也要适度，每个人的承受能力都不同，但是每个人可以承受的压力都相对有限，如果给员工的压力太大，激将激过了头，很容易将员工压垮，从此一蹶不振。

　　反激励的方法还有很多，处罚员工属于一种。说到处罚员工，各公司都有自己既定的制度，但是制度合理不合理很重要，能否得到贯彻落实更重要。企业处罚犯错的员工，首先要以严格为准。这里说的"严格"并不是指惩罚的力度，而是指惩罚的标准。哪怕只是口头上的批评也是有必要的，切不可因为觉得员工犯的只是小错，就假装没有看见。

在企业管理上也是如此，如果因为员工犯了小错而没有惩罚，那么接下来其他员工的错误可能会更多。比如公司有规定，工作时间严禁浏览无关业务的网站，更不许用电脑从事娱乐活动。在公司没有业务、员工十分清闲时，有一个人悄悄地用电脑看起了电影。管理者如果觉得反正大家闲着也是闲着，就看一会儿吧。结果其他员工纷纷效仿。从那以后，不管公司忙还是不忙，总会有员工偷偷地在看电影、玩游戏、刷微博，导致整个办公室的工作效率极为低下。

"千里之堤，以蝼蚁之穴溃"，规定如果不能严格执行，违反的人就会越来越多，企业所制定的规则最终只能成为空谈。

在20世纪的日本发生了这么一件事：一个法国人在百货商店购买了一台唱片机，百货商店的营业员不小心将一台空心的样机卖给了他。百货商店的经理得知了这个情况后特着急，狠批了犯错的售货员，并让他一定要想方设法找到那位顾客，如果找不到就不要下班了。有很多人觉得经理是不是太小题大做了，又不是什么大事，只要找到顾客更换一下就好，不必这么大动肝火。售货员满怀委屈，打了35通电话才好不容易联系到那个法国人，为他更换了唱片机。

这件事看起来很小，但是背后却隐藏着让百货公司遭受重大打击的危险。这名法国人是一名记者，她将唱片机买回家，打开包装后气得暴跳如雷，马上写了一篇百货公司欺骗消费者、售卖假货的文章，准备第二天就登报。就在记者准备发出这篇文章时，她接到了售货员的道歉电话，第一时间为她更换了唱片机。而且得知百货公司接连给她打了35个电话后，更让她感动，于是她撕毁了那篇报道，重新写了一篇赞扬百货公司的文章。

经理的"小题大做"不仅让百货公司得到了更好的声誉，还警示了其他员工，提高了其他员工的工作质量。

另外，处罚犯错员工时，也要注意对其他员工会有怎样的影响。如果管理者处理得当，就会起到杀鸡儆猴的效果。

杀鸡儆猴是一种很好的激励方式，能给员工留下深刻的印象，有显著的激励效果。但杀鸡儆猴也要遵循几个原则，"鸡"不能想杀就杀，"猴"也未必会被儆到。

1. "鸡"的选择要慎重

只有对"鸡"进行严厉的处罚才能"儆"猴，只有对犯错员工的惩罚有一定的力度才能警醒其他员工，所以在选择"鸡"时一定要慎重。人非圣贤，孰能无过？既然要重罚，选择的员工最好是明知故犯、屡教不改的类型。

2. 知道"猴"是什么样的"猴"

被警示的员工需要有自觉性，这种激励的方式才有效。如果员工没有自觉性，就达不到警示员工的作用，大张旗鼓地惩罚员工，只会让其他员工觉得管理层冷酷无情。

3. 杀鸡儆猴时间要合适

如果公司目前的情况很好，员工士气高昂，团队氛围和谐，但由于员工犯了轻微的过错，管理者就对其进行严厉批评，肯定会破坏现有的氛围，让员工感到莫大压力，情绪从高昂转向低落，积极性受到严重挫伤。

4. 杀"鸡"后对"猴"要公平

惩罚犯错的员工是有时效性的，如果惩罚不够及时，就会引起员工的反弹，也会招致其他员工的误解。

人都有感情，有些感情是正面的，有些感情则是负面的。正面的感情可以激励员工，调动员工的主动性和积极性，负面感情也可以起到同样的效果。这种对员工施压的激励法有时候比正面激励员工还有效，但如果运用不当，则不会产生激励的效果，甚至会起到反作用，所以运用时要格外慎重。

 做一个会发火的领导

在工作中，领导者或管理者免不了有发怒的时候，而领导与员工之间的沟通交流，不怕波翻浪涌，最忌平淡无味。没有数天的连绵阴雨，如何衬托出雨过天晴的美好。暑后乘凉，备觉其爽；渴后得泉，方知其甘，这里面包含着心理平衡的辩证哲理。

许多有经验、有阅历的资深领导者，大多既敢于"发火"，又有善后的本领；既能大发雷霆，又擅长润物无声。只有做到这样，才能让那些懒得动的蜗牛跑起来，才能让员工为公司创造更多的效益。

职场专家认为，当上司对下属"发火"时，一定要掌握好这两条原则：

1. 该发火就发，但要把握时机、掌握尺度

作为企业领导，在原则的问题上，或在公开场合碰壁时，或对过错下属无计可施时，常常需要通过"发火"压住对方。特别是上司确实为下属着想，而下属又顽固不化，领导通常会用"发火"让下属明白和理解。

"发火"非常有必要，但有些事项还是需要注意的。

（1）"发火"最好不要说过头话，把话说死，也不宜把事做绝，应该注意留下感情补偿的机会和回旋余地。如果领导在公众场合把话说过了头，则很可能会出现让自己在事后难以收拾的局面，陷入骑虎难下、无法收场的尴尬

境地。

（2）"发火"要懂得虚实结合。对那些当众说服不了或不方便当众劝导的顽固下属，不妨对其"怒发冲冠"，这不但可以防止和制止其错误行为的继续，警醒下属，而且还可以显示出领导者的权威。但是，对有的下属则不宜真动肝火，而应以半开玩笑、半认真或半训诫的方式去进行，这种虚虚实实、情意双关的"发火"，让下属既不能翻脸又不敢怠慢。由于其内心有了一些顾忌——假如领导认真起来怎么办，所以工作起来会更加卖力。

（3）"发火"时要注意树立一种关心下属、有责任感的形象，要大事谨慎，小事温和，不要轻易"发火"，"发火"就要叫人心服口服。久而久之，领导者才能在下属中营造令人敬畏、令人爱戴的形象。

2. "发火"之后要记得善后

不管领导因为什么而"发火"，"发火"总归会伤人，只是有轻有重而已。人与人之间，无论身份地位，人格都是平等的。所以，"发火"伤人后，领导者应该做及时的善后处理，即对下属进行感情方面的补偿。

在善后感情补偿时，领导一定要遵守以下几条原则：

（1）妥当地善后需要看准时机、把握火候。善后不宜过早，此刻下属通常火气正盛，效果不好；善后太晚，下属怒气郁积已久很难解开。善后最好是在下属略为消气、情绪开始恢复的时侯。

（2）善后要具体对象具体分析，区别对待，对不同下属采用不同的方法。有的下属性格随便大方，领导"发火"他也很少记恨，故善后工作只需简单一二句话、象征性地表示一下就行了。有的下属明理，对于领导"发火"他往往都能谅解，也不需费多大劲去善后。而有的下属死要面子，对领导向他"发火"会记恨在心，甚至企图报复，这种情况的善后工作就需要细致而诚恳。对这样的下属，领导一定要温和对待，好言安抚，并在以后寻机通过表扬等方式进行弥补。

（3）完善的善后工作一般会体现出明暗相济的特点。"明"就是亲自登门找下属聊天、解释，甚至是当面"道歉"。下属觉得有了面子，一般情况下都会顺坡下驴而和解。所谓"暗"，就是上司对那些"小心眼"的下属"发火"过了头，当面沟通也很难挽回时，便采用"拐弯抹角"或"借东风"法。比如，领导者可以在其他场合，故意在第三者面前表扬他，并适当说些自责的话，使这种善后语言间接传入对方的耳中。这种间接温言软语很容易打动下属，使其被感化，进而为领导卖力工作。另外，也可以在下属遇到困难时巧施援手，待其明白真相后，自然会对领导心存感激。

最后，领导者们一定要注意，尽管"发火"有很多理由，但毕竟"发火"会伤人，甚至有可能坏事，所以，领导者一定要三思而行谨慎对待，以期取得正面积极的作用。

 ## "三明治"批评法让忠言不再逆耳

在批评心理学中，有一种方法叫作"三明治批评法"。简单来说，就是把批评夹在两个表扬之间，从而使受批评者愉快接受。

"三明治批评法"一般包括三个层次：

1. 赏识、认同和肯定；

2. 建议、批评或不同观点；

3. 鼓励、支持和希望。

采用"三明治批评法"，能创造融洽的交流氛围，既能去除被批评者的防卫心理，又能维护被批评者的自尊。"三明治批评法"一般是企业运用于对企业员工的激励，是一种有效的激励方法。讲激励离不开挫折，要不然，激励就是不完整的。

有时候反面的激励能达到正面激励无法达到的效果，来看下面一个案例。

美国玫琳凯公司在初建时只有9个人，20年后，该公司已经发展成为拥有20万名员工的国际性大公司。玫琳凯化妆品公司的创办人兼董事长玛丽·凯被人们称为"美国企业界最成功的人士之一"。

玛丽·凯一直遵循着这样一个原则：无论批评员工什么样的错误情况，必须找出一点值得表扬的事在批评前或批评后说，而不能只顾批评而不去不表扬。

"批评应对事不对人。在批评前，要先想方设法对被批评者表扬一番；在批评后，再来表扬一番。总之，应力争用一种友好的融洽的气氛开始和结束谈话。"玛丽·凯如是说。

一次，玛丽·凯身边的女秘书由于工作原因调离到其他岗位了，接任这位秘书的是一位刚刚毕业的女大学生。新人乍到，办事总不如前面的秘书那样细致，比如，她在打字的时候总是不注意标点符号，这令玛丽·凯非常苦恼。玛丽·凯决定得提醒一下这位"马大哈"了。玛丽·凯对她说："你今天穿了这样一套漂亮的衣服，更显示了你的美丽大方。"

听到老板玛丽·凯的称赞，新秘书倍感惊喜。玛丽·凯于是接着说："特别是你这排纽扣，在衣服上点缀得恰到好处。所以我要告诉你，标点符号在文章中就像衣服上的扣子，注意了它的作用，文章才会顺畅并内容明确条理清楚。你是一个优秀的人，相信你以后一定会更加注意这方面的！"

女秘书瞬间明白了，从此以后，那个女孩不管做什么事都井然有序了，也不再那么马虎，一段时间以后，那个女孩的工作基本上能令玛丽·凯满意了。

其实，三明治式的批评是很容易把握的，那管理者怎样才能检验它的效果呢？你批评员工，是为了工作，目的是让他接受你的意见，然后纠正其错误，但是如果你的批评让员工觉得难以接受，他们的情绪就会受影响，心情会非常差，继而产生了排斥效应。所以，检验批评是否起到激励的效果的一个关键点是，员工在接受完批评之后，从他转身离开的刹那间所表现出的态度就能看出来。比如，他一脸丧气，就说明你的这次批评或者说挫折激励没有起到很好的效果，警告你得改变批评的方式方法了；如果他走的时候很平静，脸色非常自然，没有因为你的批评而把情绪表现在脸上，说明其已经接受了你的批评，日后他肯定能改正的。

总而言之，挫折激励的使用比较特殊，每个人都有自尊心，如果你直接的指责令他失去了自尊，他怎么会接受呢？即便是接受了，那也是迫于你的强势和威严。反观三明治式的批评，它令被批评者更加容易让人认同，所以，要想让你的员工心悦诚服地接受你的批评，不妨多多运用三明治式的批评，以此达到激励的效果。

 ## 轻松批评敏感员工

对于企业里面的员工来说，最能伤害他们自信的事情就是受到上司的批评，无论这些批评是否公平。尤其是当员工对批评特别敏感时，只要一听到上司或领导的批评，他就会产生抵触情绪，甚至满怀怨恨，内心充满挫折和愤怒。

当一个人非常敏感时，他往往不会把自己看成是问题的起因，因为从感情角度来说，他没有办法承认自己错了。人类的本能会像保护自己的身体一样保护自己的内心世界。当我们的身体安全受到威胁时，我们就会自然而然地产生一种"逃离还是战斗"的冲动。同样，当心理安全受到威胁时，我们也会产生一种"接受还是拒绝"的反应。如果一个人心灵健康而强壮，他就能很容易接受挑战，直面挑战。而当一个人的心灵脆弱时，他就会拒绝挑战。虽然大多数自尊比较低的人都会拒绝承担责任，但当一个人的自尊低到一定程度时，他在面对挑战时反而会变得愤怒并且憎恨自己。而一个拥有健康心理的人会坦然承认自己的错误，同时又不会过分谴责自己和外部世界。

就像一个身体虚弱的人会有意地避免外界的体力挑战一样，一个心理相对脆弱的人也会避免精神上的挑战。比如说他会告诉对方，"错的人是你"或者"我就是这个样子"。他很少会承认自己错了，更不会对自己的错误承担责任。这样的人常常只会指责这个世界，而在这个过程中，他内心的不安全感就会变得越来越强，他会变得越来越脆弱，因为只有接受自己的责任才能最终获得完整的人格。我们的内心都有一个完整的情感免疫系统。一个缺乏自尊的人总是会不停地选择逃避，把一切事情都看成是心理上的威胁。

反过来说，当我们拒绝承认自己的某个缺点（或者承认自己不够完美）的时候，我们就会在潜意识中告诉自己"我还有很多不足"。这就好像是今天的交通工具，如今很多交通工具都设有故障安全系统，一旦出现事故，它就可以吸收事故中碰撞所产生的能量。如果被吸收的能量无法转移，就会对交通工具造成无法弥合的伤害。

经验告诉我们，一旦完全接受了自己的某个缺点，我们就不会再刻意遮掩。我们丝毫不用担心别人知道我们的缺点，也不会再对它那么敏感。这时我们的恐惧感就会清空，因为我们已经不再害怕被别人知道了。我们拒绝接受的，其实只是一个幻象而已。然而无论你接受与否，事实永远是事实，但幻象却会在顷刻之间烟消云散。

　　跟敏感的人打交道时，一定要记住，对方真正在意的是他的自我意识，这也是他真正会受到伤害的地方。这里的自我意识，就是指你希望展现给这个世界的某种形象。当自我意识受到威胁时，我们就会变得特别敏感，很容易受到伤害，也容易攻击他人。自我意识是非常脆弱的（因为它只是一个幻象），在跟人打交道时，如果你不希望伤害到他们的感情，就一定要想办法保护好他们的自我意识。请记住，一个人越是在意你的话，他就会越容易受到你的伤害，你在跟他打交道时就越要多加小心。

　　批评更要讲究策略，批评的方式不同，造成的结果可能是天壤之别。正如我们都曾经历过的，有些批评会让你很容易接受，而有时候别人哪怕只是轻微地提出批评都会让你极其反感，甚至勃然大怒。说什么，怎么说，什么时候说，什么地点说，所有这些因素都能决定别人是否会接受你的批评。

　　不是非得直接批评某个人时，建议你采用间接的批评方式。间接的批评方式在很大程度上能有效避免你与对方发生正面冲突。如果运用得当，对方的自我感觉反而会更好，因为最好的批评就是不批评。你可以通过表扬对方的方式来达到批评的目的。当然，究竟要采取怎样的批评方式，完全取决于你们之间的关系以及当时的具体情况。

 ## 灵活应对刺头员工

　　有些人可能不相信因果报应，但是总是有个别员工让你反思自己的过去，甚至是上辈子到底做过什么不好的事，以至于落到现在这般境地。不管怎样，碰上噩梦般的刺头员工是谁都不愿意的事。

刺头员工漂亮地完成了工作，甚至超标完成，所以你无法在工作业绩上批评他，这是最可恶的。刺头员工对于领导的权威嗤之以鼻，对于公司的规章制度更是不屑一顾。他的工作日程时间表看起来像是和地球的另半边同步的。所以，你不能指望他会规规矩矩地出现在任何常规会议上。

刺头员工是个"破坏分子"，喜欢讽刺挖苦，不愿意和大家一起活动，也不可能被命令所威胁。当那些友善而有创意的员工有了好主意的时候，他会很有礼貌地向团队建议，会问"为什么不试试呢？"但是当刺头员工自己有了新想法时，他会马上冲到领导面前拍着桌子问："这为什么不行？"

刺头员工心里觉得你是个笨蛋，而且他居然有能力让人相信他是对的。他到处闲逛，把自己伪装成一位普通人。而实际上，这种典型的标新立异的人，你还必须爱他们。

我说的没错，你必须爱他们。他可能是你碰巧遇见的最棒的业内天才。这些标新立异的人充满激情，富有革命性，具有创造力，非常独立，而且十分可靠。当你清楚他们有什么地方值得你信赖时，你就可以与他们和谐相处了。他们几乎不需要任何督促，就能把自己变成转换机器，这台机器不仅可以制造出新的行业标准，还能制造出新楷模。

那些伟大的或受人尊敬的公司起初都源于一些标新立异的想法。苹果公司就是最好的例子。

你的一项很重要的工作就是留住这些标新立异的人，并且要防止团队中的其他人趁你不在的时候赶走他。

1. 给他们一只"羊"

在赛马时，往往给高度紧张、处于亢奋的马分配一只宠物似的山羊以保持马厩的平静（因此，破坏者总想要将这只羊偷出来）。所以说，每个人都需要朋友，即使是标新立异的人也一样。对于标新立异的人来说，他们尤其需要一位值得信任的搭档或者伙伴来倾听他们对许多事情的设想和意见，并分担他们内心的不安以及解决遇到的问题。如果你注意到团队中那位标新立异的成员能够和某一位同事很合得来，那就想办法让他们成为搭档。不要刻意按照传统观念来设计人员安排，也不一定非得强加一个温和谦让的人去弥补那个粗鲁放肆的人。如果你已经留意到团队中有两个成员相互觉得对方是标新立异的人，那太棒了！把他们安排在一起工作，也许这样他们就不会再干扰其他人了。

2. 听他们把话说完

对于标新立异的员工来说，他们张扬的个性或者挑衅的态度一定是由于一开始管理者忽视了或者不尊重他们的想法。如果你想要成为一位真正懂得倾听的管理者，就要向他们提出一些尖锐的问题，让他们提出更多有关执行力、销售和市场等问题的见解。即使这样做，他们也可能不完全信任你，但至少他们会认为你是一名有才干、有见解的管理者。他们会认这个领导还不算那么蠢，并把你看成是团队中的一员。

3. 给他们想要的一切自由，不需要特殊处理

如果公司的作息时间有一定的灵活性，那么就把所有的弹性空间都给那些标新立异的员工吧。但是，前提是确定他们知道你所期望达到的结果和业绩。如果他们在凌晨一点的工作效率最高，那么你应该感到很欣慰，你可以把这看作是为了经营好一支全球化的团队所必须经过的阶段。

4. 问问他们是否有朋友

信不信由你，他们可能真的没有朋友。你可以打赌这些人和那些有独特见解的普通员工一样聪明，也一样有远见。如果你在团队中多搭配一些优秀的普

通员工和标新立异的员工，最终你会得到一支在协作和创新等方面都能实现完美平衡的团队，而且团队成员会不知疲倦地把理想变成现实。

说不一定这些标新立异的人也会把你当作他们的朋友呢。

屡败屡战的动力之源

随着市场竞争的愈演愈烈，企业员工所面临的各方面的压力也越来越大，这很容易使员工产生挫折感。如果企业管理者不及时对员工进行激励，就会降低员工工作的热情和主动性，使企业管理成本增加、整体业绩下滑。

作为企业的管理者，员工一旦产生挫折感，就要对其进行有针对性的激励，让员工从挫折中走出来，重新调动员工工作的积极性和主动性。那么应该如何从挫折中激励员工呢？

1. 管理者要学会宽容，缓解员工心中的压力

当员工遇到挫折时，会变得消极、丧失斗志。此时，管理者要对员工抱以宽容和信任，主动帮助他们分析原因、吸取教训，以缓解员工的心理压力，激发他们重拾信心。管理者应多与员工展开一些非正式的谈话，拉近与员工的关系，与他们建立情感。管理者还要认真地倾听，不要急于进行分析或解决问题。对身处挫折的员工来说，认真倾听他们的倾诉，就足以让他们尽快走出遭遇挫折的阴影。

有一家美国企业老板，他的性格比较强势，表情刻板，脾气暴躁。他最初管理员工的方式就是大吼大叫，而且从来不分场合。公司的员工非常怕他，甚

至很难安心工作，工作效率大大下降。久而久之，老板也意识到了自己的毛病。于是，他开始反思，决定改变这些缺点。

这个美国老板先从微笑开始。不管是在公司的什么地方，只要见到员工他都会面露微笑，并且和员工们打招呼致意。没过多久，不但消除了员工的紧张情绪，让他们的工作效率提高了，而且就连公司的客户，也被他打动，甚至之前远离他的客户也回头与他合作。

2. 给员工将功补过的机会

员工在面对工作上的压力和挫折时，很容易犯错。管理者此时不要急于对其惩戒，而是应该给员工将功补过的机会。这样才能在挫折中更有效地激励员工。

日本的富士电机公司一位项目经理名叫大岛。在日常工作中，大岛做事谨慎，能力出色。但最近由于公司的业务十分繁忙，使得大岛压力大增，结果他在与客户签合同时犯了一个错误，这让公司蒙受了不小的损失。大岛内心深感不安，觉得自己的职位将会不保。可令他没想到的是，主管领导没有对他深究，而是把这件事情压了下来。

大岛为此非常内疚，他知道，自己犯下的错误足以被公司开除。于是，大岛决定把挫折变为动力，为公司创造更多的效益。从此，他比以前更加努力地工作，希望能够为公司弥补因为失误而带来的损失。

一年后，大岛就为公司创造出远比损失多得多的经济效益。最终，大岛的努力得到了公司高层管理者的肯定。曾经的主管领导这样说："尽管大岛做了错事，给公司带来了损失。但只要给他一个机会，就一定能将功补过。"

大岛取得优异成绩后，公司并未给大岛更多的奖赏。但大岛认为这是理所应当的，此后他终于卸下了因挫折带来的压抑感。公司的管理者后来这样解释道："公司的员工谁都不愿犯错。如果因为某位员工犯错而大加指责，虽然能够取得一定的教训作用，但员工可能会因此而消沉，反而会给公司带来更大的损失。"

聪明的管理者总能权衡利弊，也就是当员工犯下错误时，不对其进行过于苛刻的批评，而是让挫折本身来激励员工。给员工一定的时间，给员工一个机会，员工自然就会更加努力工作。

3. 当团队遇到挫折时，不要给员工制造紧迫感

企业管理者们很多人都认为，给员工制造紧迫感可以调动员工的工作积极性。但如果员工正处在挫折中时，这种急迫感就很容易转变成为恐惧症或恐慌症。

恐惧可以调动员工的积极性，也会给员工带来一定的混乱。就像人们在丛林中遇到了猛兽，就会出现恐惧感，甚至仓皇而逃。

此外，恐惧还会带给员工压力，降低他们解决问题的能力。所以，绝对不要给挫折中的员工带去紧迫感，这种做法有害无益。

正确的做法应该是：首先要稳定团队中出现的紧张情绪，管理者先把自己的情绪稳定住。因为管理者言行，会影响到团队中的员工，这样更不利于问题的解决。

 ## 适度施压，灌输危机意识

企业管理专家认为，工作压力与工作绩效之间有着一定的联系，刺激力的强大能使业绩达到顶峰状态。"耶基斯—多德森法则"认为，保持一种最佳的

刺激力能够使业绩达到顶峰状态，对于处在各种工作状态中的人来说，过大或过小的压力都会使工作效率降低。压力较小时，工作没有挑战性，人处于松懈状态，效率不高；当压力慢慢增大时，压力成为动力，它会激励人们积极努力工作，效率也将会慢慢提高；当压力达到人的最大承受力时，人的工作效率才会达到顶峰；但当压力超过了人的最大承受极限时，压力就会成为阻力，效率也就会降低。

适当的压力会驱使人们把事情做得更圆满。而压力过重会引起人们生理和心理上的病症，同时，还有可能导致行为消极改变。如果一个人长期处于压力或过重压力之下，身体最终会因无力承受而崩溃。

台湾经营之神王永庆曾说："赋予一个人没有挑战性的工作，是在害他。我觉得人的潜能是无穷的，给予没有挑战性的工作，这个人的潜能根本无从发挥，他的一生就完了！"他认为，杰出的人才只有在重压之下才会培养出来。企业管理者不妨给员工施加点压力，"逼"他进步。

在现代企业中，人们时常听到一些管理者对员工说："这件事我也不太清楚，但这是上司交代的，所以只好照着做吧！"有更多的企业管理者虽然认为："这样的要求不合理……"但仍强迫员工要"努力达成目标"，"就算是加班加点也要如期完成"。当然，这样的指示也是缺乏说服力的。很多企业大部分的销售量，就是在这种自上而下施压的情形下完成的，但这种做法却无法提高员工士气。

企业管理者要合理地要求自己的员工，对他们施加适度的压力。

1. 个人承诺激励

首先，让员工年初制订本人全面的业务开展计划，并向企业或团队立下"军令状"。由该员工的直接主管考察他的业绩完成情况、执行力度及团队精神，并给予必要的指导和鼓励。其次，让员工提出个人的建议，而管理人员则会为其提供所需的资源，如果发现员工的承诺过高或过低，管理人员就要和该员工进行沟通，以做出更为实际的个人业务承诺计划。最后，管理人员不能给员工制订太多的目标，而要鼓励员工充分发挥潜能和创造性。

2. 责任产生动力

制定健全的岗位职责，做到定岗、定员、定职责。这样做既可以明确员工的责任，又可以有效地消灭员工"搭顺风车"的现象，能够提高员工的公平感和对企业的满意度。

3. 时间设定法

时间设定法就是在任务下达后，给员工一个完成任务的最后期限。如果在执行中，有人拖延时间，就会影响整个团队的工作任务。因此在给员工布置工作前，管理者应预估一下完成该项工作需要的时间。然后在布置任务时，向员工提出时限，员工要在时限内完成该工作任务，否则会受到处罚。如此，员工就会有紧迫感，因为他需要在有限的时间里把工作任务完成好。

没有压力就没有动力。压力不但可以激发一个人的潜能，还是造就一个杰出人才的必要条件。

在市场经济的浪潮中，企业的发展状态和生存环境瞬息万变，企业发展的道路因此而充满危机。无论是企业还是企业员工都处在危机之中，如果一个人没有竞争意识，不能对环境做出适时的反应，最终将会被环境淘汰。作为现代企业的一名成员，如果不树立危机意识，等待自己的则是被淘汰出局。

联想集团的柳传志认为：

"我们一直在设立一个机制，好让我们的经营者不打盹。你一打盹，对手的机会就来了。"

微软总裁比尔·盖茨更是宣称：

"我们离破产永远只有18个月。"

华为总裁任正非说：

"华为总会有冬天。准备好棉衣，比不准备好。"

海尔的张瑞敏表示：

"永远战战兢兢，永远如履薄冰。"

这些优秀的企业领导者都谙熟于一个道理，能够给企业带来巨大灾难的，并非源自重大决策的失误或策略的失败，而是源于企业内部一些不易察觉的潜在危机。正是这些潜在危机，在时间的积累下发生质变，让企业失去解决问题的能力，最终将导致企业在一夜之间宣告破产。

企业领导者要居安思危，未雨绸缪，防患于未然。这样在危机来临时，才不至于束手无策。

不论你是企业管理者还是一般员工，都应时刻将预防危机作为自己日常工作的一部分。因此，作为企业的管理者，就要给员工灌输危机意识：竞争无时无刻不在、危机无处不在。只有树立了这种意识，才能将自身的潜在危机消灭在萌芽之中。

 降职，从错误中成长起来的机会

有一家公司的一名员工，技术水平很好，从公司成立时就在公司工作，曾经为公司做出过重要的贡献，为此公司提升其为技术部经理。但是，后来公司发展迅速，他的管理能力和个人发展意识跟不上公司的发展。总经理对他很器重，明知道他有这些缺点，但是依然不愿意撤换他的职位，这种问题应该如何处理？

中小企业里这种情况非常多。如上面所说，有些员工在企业刚成立的时候，就为企业服务，随着企业的发展壮大，这些员工自然而然地在企业身居要职。特别是对于那些技术含量高的岗位来讲，技术骨干员工不见得就懂管理。

想解决这种问题并不简单。首先，就算当前的部门经理不合格，也未必就有合适的人来代替他；其次，单凭过硬的技术素质或管理素质并不代表这个人一定能做好这个岗位。老员工熟悉公司的情况，与管理者磨合了很长时间，并且对企业有较好的忠诚度。虽然技术或管理能力有限，但管理者使用起来非常放心。

不论是技术工作，还是管理工作，每个人都有缺陷。这些都不是问题，因为这些可以在工作过程中，或者通过企业组织的培训来弥补。如果部门经理在技术上有缺陷，企业可以送他参加一些技术培训；如果管理素质较低，企业里面的其他管理者可以先协助他做好管理工作，让他逐渐地胜任管理岗位。

在一家企业里有这样一位部门经理，他缺乏管理素质，老板准备对他进行撤换。但他的个人素质很好，只是不适合做管理工作。有没有一个两全其美的好办法，既能让他离开管理岗位，又能让他留在企业，并且不影响他的工作情绪呢？

从企业管理角度讲，公司的人事变动问题应该做到谨慎和平稳。当公司的管理者发现某部门经理不能胜任本职工作的时候，不要忙于做撤换的决定，而应该有一个"工作考察期"。在工作考察期中，企业管理者有目的地交给部门经理一些工作任务，这些工作任务的内容、目标、所授权力等非常明确，以便对该部门经理的岗位工作能力进行客观的考察。

如果部门经理能圆满地完成这些工作，则说明其仍具备本岗位的工作能力，企业管理者原先对他的评价有误，工作考察期可以取消。如果部门经理无法圆满完成这些任务，管理者就应该与部门经理就这些任务进行沟通，以此来了解无法圆满完成任务的真正原因。

当然，部门经理有可能强调客观原因，这就需要管理者进行仔细分析，找出问题症结所在。如果确系客观原因，企业管理者应该将工作考察期延续下去，继续安排工作任务进行考察。如果属于部门经理岗位能力原因，企业管理者就要权衡利弊：是继续进行培养，还是撤换？如果准备撤换，管理者就需要开始物色继任者，并安排继任者以"部门助理"或其他身份协助部门经理工作一段时间，以熟悉工作环境和内容。与此同时，企业管理者应该认真地考虑一下怎么样挽留即将被撤换的部门经理。

管理者应该认真将以下几个问题考虑清楚：

1. 他会有什么样的新岗位？他能不能适应新岗位？

企业管理者应该为他安排好尽量适合他的工作岗位，并且能为他带来更大的发展空间。当然，这一点必须让他本人也认识到才行。

2. 能不能将新岗位设置成与部门经理平级的岗位？

一般情况下，很难有现成的平级岗位空缺（即便有，也不见得适合）。如果可以的话，企业管理者可以去设置一个与原有岗位平级的新岗位。这个新岗位不会有原岗位的各种权限，甚至没有下属，但是它们在形式上（称谓上）是平级的。

这样做有两个好处：一是它不会给那位部门经理在形象上造成太大的影响；二是他仍然可以保持原有的待遇。

3. 他的待遇会不会降低？

不管怎么说，降低他的待遇就是意味着让他辞职。因此，企业管理者不应轻易地去调低他的待遇。为了挽留，管理者可以酌情地提升他的待遇，以表彰他在任部门经理期间为公司做出的贡献。

虽然已经制定了挽留措施，但撤换面谈还是会比较沉重的。合适的面谈地点应选择在管理者本人的办公室，面谈时尽量不要有人打搅。面谈开始，管理者先让部门经理谈谈自己的工作情况，包括工作中的困难和感受。管理者可以引导他一起交流部门工作中出现的问题和失误。总而言之，要让部门经理感觉到他的特长不在该岗位上。管理者可以从他的个人发展和前途出发，阐明自己对他的新岗位的安排，并征求他的意见。如果部门经理欣然接收这个安排，则再好不过；如果他很犹豫，表现局促，可以让他考虑几天，不必让他立即答复。一般来说，只要管理者推心置腹地与部门经理交流，都会妥善地解决这些问题，并且不会影响他对公司的看法或对公司有意见。

第七章

07

在你追我赶中激活团队战斗力

——目标、榜样与竞争激励

共同目标：团队的核心动力

组织和企业都属一个利益共同体。而企业目标是利益提示，它不是文化问题而是组织问题。

人们习惯的意识中，一般会把团队精神当作是文化问题。这是一种错误的观念。团队精神首先是一个组织问题，然后才是组织文化的问题。为什么这样说呢？团队精神其实是一个组织共同的价值观。譬如说团队要干什么，怎么去干，干到什么程度，以及团队必须在推进该事业的时候遵循什么准则等。

企业是一个人群组织。维系一个组织的必要条件是什么呢？所谓必要条件就是说，如果某个条件出现问题，这个组织就会出现问题。那么，企业的组织它所需要的必要条件都有哪些呢？

人类任何一个组织的诞生首先是缘于人类存在共同的需求。原始社会，人们因为要抵御野兽的袭击，因为共同的狩猎才有收获，因此结成部落。封建社会，疾苦的农民因为想要过好日子，因此就聚众起义。进入工业社会后，雇员要维护自身的利益，对抗资本家的榨取，因此要结成工会。从这样的分析判断，可以看出，相同的利益需求是一个组织产生的首要条件。没有这种条件，任何组织都不可能产生。

所以说，所有的企业都面对一个问题，就是要确定每个人认同的利益关系。我们不能确定加入企业的员工具体会得到什么，因为这里面有几个问题：

一是企业要干什么。只有当企业的加盟者都知道企业要干什么，才能判断这件事是否能够成功，个人是不是能够获得利益，这是第一个问题。第二个要解决的问题是，企业总在发展中，它的事业方向可以是不变的，譬如做计算机产业的，它可以一百年不变地从事计算机产业，它的目标是要"干到什么程度"这个问题却总是不断变化的。组织和人一样，旧欲望被满足后，新欲望又诞生，要不然，大家就会失去动力。

一个企业要吸引人，并让他们乐于提供热情而积极的工作，把他们变成一个有效的群体，形成团队精神。如此，企业的第一要务就是要确立目标。企业的这个事业目标对员工既是一种利益吸引，也是对员工行为方向的一种界定。要不然，大家到这个企业工作的目的就不明确，行为方向也不统一。尽管我们无法告诉他们具体将得到什么利益，但至少可以让他们相信这是一项有利可图的事业。

大家不妨去研究一下当今那些取得成功的中外企业，他们有很多共同的特征——明确的企业目标。相反，那些没有明确目标或目标空泛的企业常常会遭受重创。道理在哪里？联想总裁柳传志这样描述联想集团，他说联想是一个长跑运动员，或者说是要立志做一个长跑运动员。联想集团实际情况也是这样的。20世纪90年代前，联想并不起眼。尽管它也创业于1984年，但是比联想集团发展更快的企业还有很多。10年过后，联想便脱颖而出。于是即引发出长跑运动员和短跑运动员的差别在哪里？长跑运动员可以把目标放在心里，而短跑运动员则必须把目标放在眼前。

目标对于企业来说至少有两层作用：一是决策前提作用。企业不停地在运动，无论成败。运动中的企业，企业经营者们需要不断决策。没有目标的管理者会永远"走一步看一步"，处于投机状态中，风险概率会很大。在全球普遍进入战略竞争年代的时候，一个没有目标的企业就好比一艘无舵的船，难免触礁。所以，企业目标是企业决策的前提。二是企业形成团队精神的核心动力。

既然说企业是一个组织，是一个利益共同体，也承认目标是一个企业对全体的利益承诺，那么它自然也就成为激励大家、协调大家行为的核心力量。

在过去，国人工作的时候是没有选择的，政府分配你干什么你就去干什么。那时候我们不必考虑企业目标，反正每月发工资。如今中国很多事情已经发生巨变，我们必须思考自己要去干什么，企业的目标是什么，与我的利益有没有关系。所有人都会根据自己的判断来选择，这是一种进步。影响人们选择的其实是企业目标，也就是彼此之间共同的利益关系。

总之，企业目标既不是文化问题，也不是空洞说教，它是企业的核心内涵。

 ## 目标激励切勿"华而不实"

激励的"目标"有很多种，比如金钱、权力等，每个人所需要激励的目标也有所不同。因此，企业管理者需要将员工内心深处那些或隐或现的目标挖掘出来，并帮助他们制订一个恰当的目标，最终引导、帮助员工努力实现他们的目标。

企业管理者如果能够为员工制订出一个恰当的目标来激励他们，那么就会产生强大的实际效果，使得员工能够对工作产生强大的责任感并自觉地做好工作。但这需要管理者与员工双方相互信任，目标激励法才能更好地发挥其作用。

当一些企业在年底进行总结时，往往会出现年初时已经明确、制订了的工作目标以及年度工作计划，没有能按照预期实现。

出现这种情况一个最主要的原因是，开始时目标就没有制订好，甚至在制订目标时就注定不能实现。换句话说，企业虽然制订了目标，但这个目标不是一个好目标。

每一个企业都希望制订的目标能够实现，但在如何制订好目标上，往往犯以下错误：

1. 管理者将自己的目标当成企业的目标

如果管理者把个人目标与企业的发展目标混在一起，就会出现下属员工很难执行或者执行不力的情况。这是因为，员工会感觉这是管理者的目标而不是他们自己的目标。举例来说，一些企业管理者为了满足虚荣心，一味盲目地进行兼并与扩张，最后导致资金链断裂，这对企业来说非常危险，也很难使员工与管理者的目标保持"一致"。

2. 目标总是变个不停

目标总是变来变去，就像是一个移动靶一样，刚刚熟悉了位置和方向，结果很快又"跑偏"了，员工就需要不停地追寻管理者的目标。更有甚者，目标有点南辕北辙，或者就连提前做准备的时间都没有，那么又何谈实现目标呢？

3. 目标模糊

有的企业虽有总体目标，但目标模糊，也就是没有具体的目标。例如，企业把明年销售收入的目标定在5个亿，但怎么样实现这个目标却没有具体规划，比如采购成本的控制，销售费用的投放等，这样就会导致这种"5个亿"的目标，只能是一种口号，不能具体指导企业的工作。

企业管理者在为员工安排任务时，必须要把任务目标明确，而员工只有在理解和明确目标后，才能更有效地完成目标。

汉朝时，太史令的职位可以继承。作为太史令的司马谈，在司马迁幼年时就教他学习各种古代文字，整理书籍。

司马谈在临终时对司马迁说："我身为皇家的史官，没有把那些英明的君主和忠心的大臣一一记录下来，使得后人不能了解从前那些精彩的历史，所以，这些年来我一直感到十分惭愧，而你，一定要继承我未完成的事业，实现我的心愿啊！"

司马迁听后，他对父亲说："无论怎样，我都会竭尽全力完成您的心愿！"司马谈死后，司马迁继任了太史令，闲暇时，他就遵从父亲的遗愿，开始编写父亲未完成的史书。

可没过几年，司马迁由于"李陵事件"而被汉武帝施以宫刑。司马迁遭此侮辱，他立刻想到了自杀。但他一想起父亲未完成的遗愿，就停止了这个念头。

于是，司马迁想起了历史上很多著名人物都经受过磨难：盖文王拘而演《周易》；仲尼厄而做《春秋》；左丘失明，厥有《国语》；屈原放逐，乃赋《离骚》；孙子膑脚，《兵法》修列；韩非囚秦，才有《说难》《孤愤》。因此，司马迁为了完成父亲的遗愿，就毅然决定自己要"隐忍苟活"，最后他终于著成了《史记》。

司马谈为司马迁设立的宏大目标，才是他活下去的唯一动力，而这正是父亲对他目标激励的结果。作为企业，也应当设立这样的目标，才能让企业和员工实现更高、更远大的理想。

4. 目标不但要定量，也要定性

企业的定性目标也是非常重要的。通常企业在制订目标时，既要制订一个定量目标，又要制订一个定性目标，这样的目标才是完整的，也才符合实际情况。

举例来说，像营销、生产等部门，可以制订出一个定量的目标，比如每年或者每个季度的任务是多少。但对于像行政、财务和人力资源等部门，却难以制订出定量目标。然而，这些部门又是不可或缺的，他们是为配合销售部和生产部存在的，而且这些部门的工作做得好不好，会直接影响到定量目标的完成。

因此，企业也要为这些部门制订一个定性目标，可以用执行效率来衡量他们的目标完成情况。否则，企业到了年终总结时未能完成定量目标，很多部门之间就会为此争吵，难以达成共识。

此外，还应注意不要为了完成一个所谓的定量目标，而损毁公司的定性目标。比如，销售经理为了拿到奖金，就必须要完成公司下达的3000万的销售目标。为此，他可能会透支公司的资源：比如，牺牲员工接受销售培训的时间，营销管理缺少标准化、流程化等，这不但造成了透支公司资源的后果，而且也在损害着公司的定性目标。

关键时刻，群龙有首

在一个集体或团队里，榜样的力量是无穷的，在企业发展中，很多员工都会将管理者作为自己的学习对象。事实上，榜样的树立对于员工确定方向有着积极引导的作用。而企业管理者在很多时候也是员工的榜样和追随对象，因为管理者通常业绩较突出，人际关系也较好。

作为一个企业领导者，比尔·盖茨的开拓精神很强，他乐于也善于冒险创新，因此，我们可以看到，微软在IT行业中更具竞争性。而IBM则不同，托马斯·沃森相比于比尔·盖茨显得更加保守，规则在IBM起着很大的作用，IBM的所有员工也就显得更加稳重。

由此可见，企业领导者作为员工的学习对象，其行为方式对员工的工作表现有着极强的影响力。

马云经常对大家说的一句话就是："上梁不正下梁歪。"马云认为，企业管理者并不需要刻意地将自己塑造为公司内的榜样，但管理者想要激励别人，就要先激励自己。马云每天的工作时间多达12—16个小时，可以说，除了必要的休息睡眠时间，马云都在忙着公司的事。员工自然看在眼里、记在心里，阿里巴巴也就是这样带着淘宝、支付宝占据了中国的网购市场。

企业管理者始终是员工的榜样和学习对象，管理者的成功就是员工追随的动力。

1. 企业管理者应激发员工学习积极性

每个企业管理者都是由基层员工做起的，管理者之所以能处于比基层员工更高的位置，正在于其工作积极性更高、工作表现更好。马云下属的每个员工都愿意努力工作，正是因为看到了马云艰苦努力的成果。

2. 企业管理者应成为员工模仿对象

企业员工都会自发地模仿企业管理者的行为方式，管理者作为员工的模仿对象，就应身先士卒，严于自律，真正地从"我"做起，让自己足以成为员工的榜样。比尔·盖茨、托马斯·沃森几乎是IT行业所有员工的榜样。

企业管理者想要在企业营造出更加积极向上的工作氛围，就要自己做出表率，让员工得以紧随其后。

3. 企业管理者应成为员工学习的对象

当今社会是一个学习型社会，只有一个具备学习力的企业才能形成其核心竞争力。有一点大家可以达成共识的是，学习的效率就等于工作的效率，等于成功的效率。随着科技的迅猛发展、全球市场的不断汇集共融，中国市场的变化性越发增强，不通过学习跟上时代潮流，企业就必然会被市场大潮所淹没，被大势所淘汰。

企业管理者处于比员工更高层级的地位，其学习力首先就要强于基层员工，学习力主要体现在学习内容和速度上，管理者需要能够更快、更全面地学习新的制度、文化、科技，从而提升自己的领导能力。

4. 企业管理者应提高自身人格魅力

企业管理者要成为员工的追随对象和榜样，首先需要具备一定的人格魅力。人格魅力正在于管理者的人品如何。企业管理者在管理员工时，应做到公正、正直，以企业利益为先。勤俭节约、注重交流，能够满足员工情感需求的管理者，才能真正成为一个具备影响力的管理者。

5. 企业管理者应成为执行的榜样

执行力是公司决策、战略方案、战术策略能否达成预期效果的关键。

企业管理者与员工存在着天然的利益冲突，管理者想要在有限的成本下发挥员工最大的工作能力，而员工则希望通过有限的工作取得更多的精神和物质利益的回报。因此，我们常常会在企业管理中，遇到执行力欠缺的问题。

企业管理者在要求基层员工执行力提升之前，自身的执行力首先要达标，当领导者发布决策方案时，管理者要主动、高效、全面地执行，并对员工所要承担的责任义务进行明确合理的分配，管理者自身的高执行力会促使员工将方案落实到行动中。

照亮整个团队的明星员工

没有哪个企业领导不想在团队中拥有明星员工？这些明星员工可以提高绩效并激励其他所有的员工。即使这些光芒万丈的明星员工没有把光芒带到工作场所，但他们身上散发的魅力会吸引更多的未来明星员工。明星员工还可以为公司带来很牛的名人。我们不得不承认，这些明星员工会让你看起来也光彩照人。

明星员工多数也希望得到明星员工的待遇。他们只是希望自己可以被足够地信任和尊重，能够按照自己的想法展开工作。有的明星员工可能已经被某个竞争对手盯上了，甚至这个竞争对手比你还了解这位明星员工的品牌价值。还有的明星员工只希望他们的同事能够像他们一样发自内心地重视和关心团队的使命，而不是靠一些额外的奖励才愿意完成工作。

这些明星员工确实需要得到一些特殊待遇，但是也不要以牺牲整个团队利益为代价。让这些明星员工的步调和整个团队保持一致、同心协力，让明星员工的影响力带动团队中的其他员工完成更高的绩效。

领导者需要慎重地选择你的直接下属。如果明星员工在工作上被平庸之才牵绊，只会迫使这些明星员工想办法快速离开团队。

企业领导者想吸引或者留住高绩效的明星员工，就要确保所有团队成员在同一水平线上。一旦选择了中庸之才，就会削减、降低甚至破坏团队优秀员工的业绩贡献。

企业领导者要接受一个现实，多数充满激情的明星员工都不会把他们的精力局限于专业领域、行业范围，或者公司的限制。

天才型的员工充满好奇心，他们充满热情精力充沛，乐于奉献。他们要了解行业最前沿的信息，他们要做出最前沿的成果，他们自己也要保持在最前沿（这会让某些反应迟钝的员工时刻保持警惕），要给这样的员工一些时间，让他们在自己的专业领域灵活地支配。这样，他们就会把他们收集到的所有成果（包括知识、技能和人脉）都带回来给你。

要允许明星员工培养自己的"粉丝群"，并为他们工作。

高绩效的优秀员工知道必须在自己的领域里保持高效率，所以他们必须建立自己的关系网，甚至有自己的小集体，因为他们就是要把自己打造成一个名人。这并不是他个人要追名逐利、爱慕虚荣（虽然在某些平庸的骨干员工眼里看来就是这样），而是必须要做的。在这个过程中，他们的行为可能会引来愤懑、树立敌人，甚至是受到其他员工排挤，其实这也就是那些工作无热情的员工不希望领导把注意力都放在明星员工身上罢了。

也许你的顾客对明星员工的喜爱胜过对公司的品牌喜爱，或者说明星员工就是公司的品牌。这不是一件坏事，你会认为公司的品牌比顾客更重要吗？有一个事实你无法逃避。如果你的明星员工可以从积极方面影响顾客对公司产品或者服务的评价（让顾客更喜爱公司的产品或服务，或者对公司的产品或服务的忠诚度更高）那么你留下这个明星员工将会给企业带来多大的价值呢？如果你失去了这个明星员工，让商场对手挖走，企业将会有多大的损失呢？

明星员工的行为会激励更多的员工变得更优秀。你的员工也是你的顾客。从某种意义上来说，是员工雇用你来指导他们，让他们的事业有更好的发展。

如果团队中有明星员工，那就让这位明星员工与B++类员工分享他的经历和成果，这样就有机会让B++类员工成为更优秀的员工。然后再让B++类员工分享给B类员工，以此类推。

不要厚此薄彼，有所偏袒。明星员工确实很难得到，但是企业中那些优秀的B类员工和B++类员工可能更不容易培养。如果那些所谓的"明星员工"自以为是、心胸狭隘，或者完全弃组织的目标于不顾，那么这样的员工就称不上是明星员工。企业领导者如果对这样的明星员工放松要求、有所偏袒，那么就会导致整个团队出现信任危机，并且无法进行有效沟通。其他员工只会讨厌那些所谓的"明星员工"（不会继续配合明星员工的工作）并且失去对你的尊重（会把你的公信力消耗殆尽）。研究员工敬业问题的专家们表示，留住高绩效优秀员工的关键就是使他们有更多的机会发展自己的事业。明星员工对于管理者来说是最有价值的资产，因为他们可以激励更多的员工变得更优秀。这正是明星员工最有价值的地方。

 ## 良性竞争机制，让每个员工都保持活力

欧洲的那些先进的企业，把企业管理看作是一门艺术，其核心是让员工在各自的职位上永葆青春。因此，要想使你的企业基业长青，青春永驻，就务必使你的团队成员充满激情，为此，作为企业的管理者，就得塑造一个公平公正的竞争环境，让人才在竞争中凸显出来。

现如今，随着生活节奏的加快，人们压力也越来越大，竞争对于人们来说已经是无法回避的问题了。因此，企业管理者必须要明白：员工之间必定存在

着竞争。但竞争可分为良性和恶性两种，管理者的职责就是要把握员工之间的恶性竞争，引导他们之间进行良性竞争。

有的员工看到别人的长处，就会反观自己，找差距和不足之处，从而鞭策自己，积极工作、赶超别人。这样做的人一方面提升了自己，另一方面也给别人增加了压力，通过同事间的你追我赶来缩短彼此间能力的差距，这就是良性竞争。这种竞争对组织有着很大的好处，它能促使组织内的员工之间形成一种热爱学习的工作气氛，每个员工都积极思索着如何提高自己的能力，掌握更多的技能，从而取得更大的成就。这样一来，企业的整体水平就会不断地提高，企业也就保持了旺盛的生命力。

前些年，很多企业办事拖延、毫无效率可言，员工懒散、不求上进，企业没有一点生机。这样的企业如何能在激烈的市场竞争中立足呢？造成这种现状的主要原因，是企业缺乏竞争。因此，作为企业的管理者，要想方设法地将竞争机制引入企业管理中。只有竞争，企业才能生存下去；只有竞争，才能点燃员工心中的激情。

竞争的形式要多样，比如组织各种竞赛，评比销售业绩、服务水平、技术高低等；采用内部晋升法，进行各种职位竞选；竞争某一课题，看谁的解决方式最佳、方案最易执行，等等。还有一些隐形的竞争，如定期晒晒员工的工作成绩，定期评选先进分子等。针对本企业的具体情况，也可开发出一些新的竞争方法。

竞争中的规则要科学、合理，执行要公开、公平、公正，要提防不正当竞争的发生，培养团队精神。往往有些竞争非但得不到好的效果，反而会打击企业员工士气。如果能力出众的员工受到排挤或压抑，就是激励方法出了问题，不足以令人信服。

那么怎么样激发员工的竞争意识呢？下面是人事专家的一些建议：

1. 建立分组竞争机制

在欧洲先进管理理念看来，最好的机制不是让懒人变得勤奋，而是在企业中形成高绩效的环境，使员工的敬业精神得以发扬，让懒惰者原形毕露。基于真诚合作和责任承诺之上的内部竞争，更能促进员工的积极性和工作热情的是来自同级的压力而不是来自上级的命令。具体方法是，可将业务部门分为若干小组，每天（星期）公布业绩排行榜，每月终或季度进行总结，奖励先进，激励后进等。

2. 在内部引入外来竞争

让"铁饭碗"变成"泥饭碗"。企业内部机构不积极进取就会没饭吃，这就要求其加倍努力改善产品或服务质量，并努力进行革新，降低成本以增强竞争力。具体方法是，允许内部机构在企业之外采购产品或服务，使公司内部相关的部门不再依靠独家垄断生意过日子而止步不前。

3. 建立企业的新陈代谢机制

很多公司的业务计划在制订时斗志昂扬，可在执行过程中却不断地降低要求，最后即使完不成也无人问津，使得公司制订的业务计划失去应有的意义。领导丧失权威，员工丧失责任感和紧迫感。

具体方法是，制订公司和部门以及个人目标，建立考核机制，达不到考核目标的人员不管什么职务、资格多老、贡献多大都得让位下台。

总之，在企业管理中引入竞争机制，让所有员工都产生竞争的意识并能积极投入到竞争中去，企业的活力就会被不断激发。永远记住一句话，业绩不是靠嘴说出来的，而是靠实干比出来的，只有通过不断竞争，才会激发员工全部的潜能和热情。企业管理者的职责就是搞活并激励这台大机器，引导企业员工进行良性竞争，让大家同心协力，积极进取。只有这样，员工的工作能力才会越来越强，潜力才会被激发出来，企业这台大机器才能轻松流畅地运转。

鲶鱼效应：新员工鼓舞老员工

在一个企业或团队里，总有那么一些人，滥竽充数，无所事事，始终过着"当一天和尚撞一天钟"的生活。这令企业管理者非常头疼，这些人虽无突出的业绩，但也不会犯很大错误，这样的人浪费着企业的资本，却创造不出一点利润，如鸡肋般，"食之无味，弃之可惜"。更让人伤脑筋的是，这种人不是一两个，而是很大一部分，总不能把他们都炒鱿鱼吧，为此，企业管理者费尽了心思也没想出一个万全之策来。

当年，日本本田技术工业株式会社的创始人本田宗一郎遇到的就是这样的问题，但很快他就解决了，据说，本田宗一郎解决这个问题的灵感来自于鲶鱼。

经过考察，本田宗一郎发现，公司的人员基本上有三种类型：一是占20%的企业不可缺少的栋梁之才；二是约占60%的敬业勤劳人才；三是占20%的终日无所事事、拖企业后腿的蠢材。本田宗一郎想，如何使前两种人增多，使第三种人减少，让自己的公司充满活力呢？本田宗一郎找来公司的一位副总裁商议此事。副总裁对他讲了一个渔民捕沙丁鱼的故事，最终让他茅塞顿开。

相传，挪威人特别爱吃沙丁鱼，特别是活的沙丁鱼。市场上活鱼的价格要比死鱼高许多，因此海边那些渔民总是想方设法地捕捞活沙丁鱼。

渔民们虽然经过各种努力，可是大多数沙丁鱼还是因为中途窒息而死亡。

可是有一艘渔船总能捕捞大量活沙丁鱼回到渔港。这艘船的船长严守着秘密。直到船长去世，这个秘密才解开。原来是船长在装满沙丁鱼的水槽里放进了一条鲶鱼，而鲶鱼是以鱼为主要食物的。鲶鱼进入陌生的沙丁鱼的水槽后，便左冲右突，四处游动。沙丁鱼见了鲶鱼十分害怕，便四处躲避，在水槽中加速四处游动。如此一来，沙丁鱼缺氧的问题就解决了，沙丁鱼也就不会因为窒息而死亡。这就是著名的"鲶鱼效应"。

在"鲶鱼效应"这个故事的启发下，本田宗一郎开始对公司进行改革，着手从外部引进"鲶鱼"，以激活那些缺乏活力的员工。本田宗一郎首先从气氛沉闷的销售部门改革。本田宗一郎从其他公司挖来了一个年轻的主管担任销售部经理。此后，销售部门的员工工作热情被调动起来，活力大增，销售业绩也是不断上升。更令人惊喜的是，在销售部的带动和影响下，公司其他部门的员工热情和活力也被激发了出来，整个公司员工的精神面貌焕然一新。

"鲶鱼效应"是一个有效的方法，但值得提醒的是。如果"鲶鱼效应"把握不好，非但发挥不了作用，还会产生很大的副作用。

1. 引进"鲶鱼"的时机

企业或团队状态很好的时候引进"鲶鱼"，会影响团队成员的积极性，也会导致员工对公司降低认同感。员工们会觉得公司对他们失去了信心，想以此刁难他们。这时候员工将会有几种情况表现出来：一是把原来的积极性转化为破坏性行为，与公司对着干；二是骨干员工失去希望，离职；三是抱着混日子的态度，"让能干的人（鲶鱼）去干吧"。

2. 引进"鲶鱼"的数量

企业或团队引进的"鲶鱼"数量过多，刺激过大，则会引起企业或团队整体的恐慌，加重了员工心理负担。员工在工作同时戒心增加，提防"鲶鱼"，如此一来显然不利于企业或团队整体工作的进行，对企业或团队良好的文化氛围将会造成破坏性影响。

上述两种问题出现的时候如何解决呢？

一般有下列方法可以采用：

（1）缓慢执行"鲶鱼"提出的各项措施或方案，特别是针对人的方案；

（2）统一政策的发布，"鲶鱼"的良好作用要有固有的途径向员工传达，而不是通过小道消息散布；

（3）提高骨干员工的待遇，表明引进了"鲶鱼"，公司依然重视他们；

（4）迅速找骨干员工交流，说清楚引进"鲶鱼"的真正目的和意义，稳定员工情绪；

（5）对骨干员工进行公开表彰，委以重任，适当提拔，表现对团队成员的认可和信任；

（6）安排员工适时休假，缓解工作压力，减轻心理上的负担；

（7）组织"鲶鱼"和"休克沙丁鱼"进行互动，增进感情，减轻抵触情绪。

 重点培养与特殊照顾

企业团队中还有一类特殊的人物往往会引起领导者的高度重视。这类人常常跟上司唱反调，而且这种反调似乎有道理，不仅会让管理者感觉现在自己错了，还会引发上司不自觉地去反思自己的过去。他们的言行无懈可击，领导甚至都无法找到理由为自己开脱，也无法找到借口对其进行反击，总之，他永远是对的，错误都在领导身上。碰上这类员工，领导时常感到自己到底上辈子欠了他们多少。

可怕的是，这些人的工作都完成得很出色，领导把团队最难攻克的项目交给他，他也能轻松地拿下，甚至给团队带来很多意想不到的成绩，因此领导想在工作上挑他的毛病非常困难，更不用妄想把他踢出局了。他是个涣散的人物，特立独行，工作时间总不能与其他同事同步，他不会按部就班或循规蹈矩。但为了完成一项紧急的项目他可以连续几天不休息。对于企业里面的一些规矩他更是不加理睬。

他不迷信权威，对待上司像对待一般同事一样，他不会被上司严厉的命令所威胁。对于企业不合理的事物，他喜欢讽刺挖苦，毫不留情。他不太合群。当那些友善而有创意的员工有好主意时，他会积极而非常有礼貌地向团队提请建议："为什么不去干呢？"当他自己有新想法而不被领导采纳时，他会立即冲到领导面前，大声质问："这样为什么不行？"在这类员工心里，他把上司定位成是一个笨蛋，他还有能力让别的同事相信他的定义是对的。

麦肯锡认为，这类员工其实就是典型的标新立异的人，必须爱他们。因为他可能就是公司梦寐以求、难以寻觅到的最棒的业内天才。这类标新立异的员工非常独立而且充满激情，具有创造力而且富有革命性。他们看似不守纪律，其实他们最具敬业精神，而且十分可靠，他们在工作上根本就用不着监督就能尽职尽责，有了紧急或者突发艰难的事情他们会竭尽全力地去应对和解决。他们以团队目标为己任，几乎不需要上司的任何督促和指派，他们就会把自己变成一台转换机器，这台机器不仅可以制造出前所未有的新行业标准，还能制造出新楷模，他那标新立异的突发奇想会铸就一个公司的伟大辉煌，苹果公司就是最好的一个典范。

正是由于他们的标新立异、不拘一格及超乎常人的绩效和能力，麦肯锡通常将这类人才初步认定为高潜力人才。对于这类人才，麦肯锡会珍惜万分，而且会牢牢抓住。因此，在选拔和任用上对他们施以不同于其他员工的管理方法。

1. 特殊照顾

对于这些标新立异的人，麦肯锡在管理和使用上均给予了特殊的照顾，并对他们的桀骜不驯进行耐心有效的引导。

（1）为他们寻找合适的搭档

不管在工作上还是生活上，每个人都离不开搭档和朋友，标新立异的人更是如此。他们需要一位值得信任的搭档来分担他们的工作压力和解决工作中的问题，分享他们胜利的成果和喜悦，需要人来倾听他们对许多事情的见解和牢骚。因此，麦肯锡会留意那位标新立异的成员所在的团队中谁能够与他合得来，然后再想办法安排他们成为搭档。这种安排无需刻意地按传统设计。如果一个团队中有两个这样的成员，并且他们相互佩服和欣赏，这是最好不过的了。

（2）灵活安排他们的工作与休息时间

这种标新立异的员工有不同于其他员工的工作生物时钟。因此公司在他们的作息时间安排上有一定的灵活性，尽可能地将所有的弹性空间都给他们。但前提是，要让他们知道公司所期望实现的业绩和目标。

（3）认真倾听他们的诉说并加以引导

标新立异的员工也不是无赖，他们对领导咄咄逼人的态度，肯定是因为一开始上司不重视或者不尊重他们的想法。作为他们的直接领导，一定要懂得倾听他们，然后再顺着他们的思路提出一些问题，鼓励他们提出更多的见解。这样做，他们就不会再把上司定位成一个笨蛋，而是会认为自己的领导是一名有见解和才干的领导，同时还会把你看成是团队中的一员。

（4）成为他们的朋友

这些标新立异的人因性格原因，朋友肯定不多，但他们却与那些有独特见解的普通员工一样有远见、一样聪明。因此，麦肯锡就为这些标新立异的员工多搭配一些优秀的普通员工。这样组成的团队最终会成为一支在创新和协作等方面都能实现完美平衡的团队，团队成员为把理想变成现实，都会不知疲倦地工作与创新。或许，由于领导的知遇之恩，这些标新立异的人会把领导当作他们的朋友。

2. 重点培养

在麦肯锡，对高潜力人才进行培养，并不是给他们各种头衔和职位，也不是给他们显赫的社会地位，而是给他们委派各种复杂的工作，并不停地调派他们到不同的岗位去锻炼，不仅工作难度和工作规模逐渐加大，而且还让他们迎接全新的挑战，分派他们到一个新的国家开拓新的市场或从事全新的业务。让他们在不同的环境和岗位发挥不同的作用，让他们在复杂的工作任务和环境中成长，把他们培养成世界级别的顶尖人才。

 暴露冲突，方可解决冲突

企业必须防止团队走向一团和气和冲突不断的两个极端。

企业成员必须要在一起高效率地工作。但高效率的工作就意味着要承认企业团队里存在冲突，企业领导者要能够正视这些冲突，想方设法解决这些冲突。但是，除非企业团队里的成员能自由随便地陈述自己的观点，并进行辩护——即使会造成争论。想办法阻止冲突的产生绝对是错误的。如果团队产生这种想法，认为应该低调处理冲突，或者对其熟视无睹，它就会掉进"群体思维"的窠臼，其工作效率将比传统的工作小组还要低许多。

多数传统的工作小组中的大多数员工都有这样的想法，就是不要互相发生矛盾冲突。那些挑起争端的团队成员常常被认为是"惹是生非"。但是，当这些团队成员成为一个紧凑的团队的一部分，特别是当你希望团队能实现自我管理时，情形就完全相反。企业应该让团队成员们认识到，冲突是团队工作中不可或缺的，而他们的目标是找出矛盾冲突的根源并加以解决。

冲突本身并不是什么大不了的坏事。冲突只有在变成个人恩怨时才是有害的，但它绝对有可能超脱于个人恩怨之外。富有成效的冲突是观念冲突，而与谁提出这些观念是无关的。企业管理者需要让团队成员知道，冲突本身绝不是什么严重问题。不过，团队确实需要有有效解决冲突的方法。

企业团队需要接受关于解决冲突的基本培训。怎么样认识并解决冲突是有原则的，这其中的一个原则就是：将人品问题放在分歧之外。其实，团队不需要自己来摸索这些原则，现在的每个城市都能找到解决冲突的能力训练课程。企业的团队经常有这种培训的机会，而不用企业团队来应付这方面的工作。只要有机会，团队就要以集体的形式参加解决冲突的能力训练课程的培训，即让全体团队成员同时参加。这样就会使团队成员有机会一道在培训中实践以后工作中需要做的事情。

企业团队如果可以完全实现自我管理，而且可以紧密合作，其回报一定会是十分丰厚的，但是要完全学会自我管理，能够紧密合作却并不是一件容易的事情。你若明确支持该团队及其学习的进程，这样就会使学习的难度下降，不仅对团队是这个道理，对自己也一样。

作为企业管理者，你必须防止团队走向两个极端：一个极端是竭力回避冲突，团队成员互相保持"一团和气"；另一个极端是矛盾冲突接连不断，弄得团队成员无法安心工作。团队越接近其中任何一个极端，其工作效率就会大打折扣。

企业领导者如何防止团队走向这两个极端呢？第一，企业领导者要学会容忍某种冲突。这听起来似乎不难，但企业领导者在这方面却不一定受到过训练，或拥有多少经验。如果企业领导者曾经在传统的公司里工作过，那么领导者学到的处理冲突的方法就是防止它的发生。如果你和上级之间产生较大的分歧，那会怎么样呢？他是不是会让你公开地表达自己的不同意见，然后再考虑其中的合理因素呢？或许有一两位最好的管理者是这么做的，但这种人肯定不多。相反，一般情况下，如果有不同意见，你要么选择默不作声，要么就绕着圈子去表达。很有可能，你的员工会使用同样的方法。

作为企业管理者，在遇到矛盾冲突的时候，要学会选择一套科学有效的处理方法。是想办法把冲突压制下去，还是对矛盾冲突持一种欢迎的态度，以使企业团队得到最佳的表现？选择是极其重要的。

物质激励，要的就是简单粗暴

——薪酬设计的大智慧

薪酬是原始驱动力

尽管薪酬不是最好的激励员工的方法，但薪酬往往是最有效的激励员工和留住人才的工具。

有一位喜欢安静的老人一个人生活了很多年，他特别习惯这种生活，可是这种生活有一天因为一群学生而被打破，小街里的一群学生每当放学后都会到老人的房子周围玩耍，他们调皮地尖叫、大闹。老人被他们弄得不得安宁。但是，这位老人很聪明，他想出了一个办法。他走出家门对那些学生们说："如果你们每天都到我家周围玩，我就给你们每人5元钱。"那天，每个小学生真的都得到了5元钱。后来，老人的房子周围玩耍的孩子越来越多。可是有一天老人没把钱给孩子们，第二天老人同样没有出来给钱，心急的孩子们大声对着老人屋子说："你既然不再给我们钱，我们以后不来玩了，并且让我们的朋友都不这里来玩了。"老人暗自笑了。

这个老人和孩子们的故事其中有什么道理？为什么5元钱就能解决老人的问题？这个故事告诉我们：金钱具有一种潜在力量，它能左右人们的行为，对钱的喜欢是每个人潜意识中都存在的东西。

金钱可以满足人们的需求，实现人们的愿望，5元钱可以让孩子们买到自己想要的东西。为了满足自己的渴望，孩子们就习惯地重复原来的行为，而当有一天突然没有得到钱，自己的需求满足不了时，他们自然就会停止那些行为，孩子们认为金钱是行为的一种驱动，这正好证实了薪酬的意义。薪酬最常见的形式就是金钱，薪酬是企业激励员工的原始动力。

薪酬可以提供一种保障，可以给员工一种宽慰，这就好比农民有一块良田，在风调雨顺的时候，可以保证年年丰收，薪酬可以满足人们的基本生活的需要，可以让人们买来生活必需品，在自给自足的自然经济社会里，人们可以自己生产大多数的生活用品，而在现代高度商品化的社会里，人们需要钱购买所需要的一切，人们需要钱来支付生活开支。薪酬只有能够达到员工的基本生活需要才能让员工有安全感，才能留住员工继续工作，要不然员工就会考虑是否离开。

薪酬可以说是员工每个人工作的产品，员工不会把自己生产的产品带回家，只会把薪水带回家，在某种意义上说，薪酬是对员工付出的脑力和体力的回报，同时会认为工作是个人价值实现的一种方式，如此，薪酬就具有一种神圣的含义——为了实现自我价值而工作。在这个过程中，薪酬已经成为员工才智技能和积极工作的衡量标准。

薪酬对员工的重要性不容忽视，薪酬不仅是员工的谋生方式，它还能满足员工实现自我价值的需求。所以，薪酬肯定会干扰着人的生活情绪，影响着一个人能力的发挥等。当一名员工拿着较高的岗位薪酬时，他会非常热情地工作，积极地表现，不仅可以有机会提高自己的岗位绩效，而且也有机会争取更高的岗位级别。员工会体验到由于薪酬所带来的被尊重的喜悦和价值实现感，从而积极努力地工作，这是任何企业都必须尊重的客观事实。

现代社会的企业里，企业领导用物质来激励员工并不是一件不光彩的事，反而会有极好的效果，是领导者的智慧之举。金钱在社会生活中具有重要的流通作用，一般金钱的应用是一个人成功标志的重要组成部分。智慧的领导者最懂得用看得到、摸得着的金钱来激励员工的工作热情。

美国某著名企业激励员工有很多方法，其中最主要的激励工具就是金钱。该企业的口号是："我们要找的是寻找发财机会、金钱欲望强的人。"企业管理者亲自负责挑选每个推销员。企业的业务人员不拿保底薪酬，领的是佣金，平均每年可得近18万元，其中有很多哈佛商学院的高材生。占企业总业绩近20%的金牌推销员是一个年仅28岁的年轻人，5年前加入该公司，之前他曾当过魔术师及诊所秘书。而另一个金牌推销员曾是喜剧演员。

领导为了激励员工士气，时不时可以制造一些和员工之间打赌的机会。一个企业领导曾和一个年轻的业务员打赌：如果他连续几个月都创下50万美元的业绩，就将赢得一辆新款奥迪车。于是这个年轻的业务员开始了努力，不久，这个业务员不但赢得了奥迪新车，而且创下了每个月140万元的惊人业绩，还从领导那里赢得了一块金表和一部新款苹果手机。有了这样的金钱激励的方法，谁还有理由不去用心工作呢？

 # 由内而外，启动全面薪酬战略

全面薪酬战略是目前欧美一些发达国家的企业普遍推行的一种薪酬支付方式，美国的一些企业自20世纪80年代中期开始推行。当时，美国许多企业正处在调整结构时期，很多企业将相对稳定的、基于岗位的薪酬战略转向相对浮动的、基于绩效的薪酬战略，使薪酬福利与绩效紧密契合。由此，提出了"全面薪酬战略"的概念。

1. 全面薪酬的分类

所谓的"全面薪酬"，是指企业支付给员工的薪酬分为外在激励和内在激励两大类。

（1）外在激励

外在激励主要是指企业为员工提供的可量化的货币性价值，如基本工资、奖金等短期激励薪酬，股票期权等长期激励薪酬，失业保险金、医疗保险等货币性的福利，以及公司支付的其他各种货币性的开支，如俱乐部成员卡、住房津贴、公司配车等。

（2）内在激励

内在激励是指给员工提供薪酬以外的各种奖励价值。比如，为完成工作而提供的各种优势工具（比如一台好的品牌电脑）、对工作的满意度、提高个人名望的机会（比如为著名大公司工作）、吸引人的公司文化、培训的机会、相互配合的工作环境，以及公司对个人的表彰等。又如，全球最大的家居用品零售企业宜家，该企业在内部实施了全面薪酬福利体系，体现在内在激励方面，企业在公司内部积极向员工公开职位空缺信息，诱使每个员工积极思考和衡量自己的能力与未来的发展，学会管理自己的职业发展。宜家中国区的高级管理人员曾说："我们认为员工应该在实践中学习，所以如果我们有主管申请经理的职位，尽管他的知识结构和储备可能没有达到理想状态，但他的潜力很大，宜家还是比较愿意给他机会的。"

2. 全面薪酬战略的特点

与传统薪酬战略相比，全面薪酬战略具有如下几个特点：

（1）全面薪酬战略强调市场敏感性而不是内部一致性；

（2）全面薪酬战略实施以绩效为基础的可变薪酬计划，而不是年度定期加薪；

（3）员工与企业是风险分担的伙伴关系；

（4）将员工的工作转化为弹性贡献机会；

（5）员工在组织里是横向的流动，而不是垂直的晋升；

（6）员工在工作中不断提高自身就业的能力；

（7）强调团队的贡献而不是个人的贡献。

3. 全面薪酬战略的薪酬构成特点

全面薪酬的上述几个特点完全反映在了薪酬构成方面。

（1）基本薪酬应和竞争性劳动市场保持一致

在企业支付能力允许的情况下，企业的基本薪酬水平应该与竞争性劳动市场保持一致，这样才有助于获得高质量的人才。同时，企业还要利用基本工资来强调那些对于企业具有战略重要性的工作和技能，从中体现出企业的人才理念。

（2）可变薪酬充分体现灵活性和激励性

在全面薪酬战略中，可变薪酬扮演着重要的角色，因为，相对基本薪酬而言，企业更容易通过调整可变薪酬来反映组织目标的变化。全面薪酬战略的一个重要特征便是：当员工做出有利于企业战略目标实现的成绩时，企业可以为这些员工提供灵活的奖励，而当企业经营不利时，可变薪酬则有利于企业控制成本开支。

（3）弹性福利计划取消针对性不强的福利计划

在实施传统薪酬战略时，企业实施福利计划常常只是为了单纯地追随其他的企业，而全面薪酬战略革新了这个理念：企业的福利计划需与绩效紧密相关，强调着企业经营目标的实现。也就是说，基本薪酬和可变薪酬不再被福利替代，福利只是对这两个核心要素的一种补充。在实施全面薪酬战略后，多数企业用利润分享计划或缴费基准制养老金计划取代了收益基准制养老金计划，许多针对性不强的福利计划逐渐被弹性福利计划取而代之。

员工薪酬：应该保密，还是透明

企业在员工工资薪酬不保密的情况下，很多人都会感觉到一些不平衡，在这种情绪支配下员工就很难做到为企业真心付出，当然也更难调动起工作热情了。

在著名的IT企业联想公司，员工的工资报酬始终是保密的。"薪酬保密原则"实际上并不是联想所独创，在国内外多数大型企业里都可以找到它的身影。从执行力度反面来看，好像没有哪家企业能像联想那么严厉："一旦犯规，请君走人。"

也许正因为这样，联想人神秘的薪酬越发给了人们充分的想象和议论空间。

根据了解，联想早在创业伊始，公司就定下了工薪保密这一"天条"，直到今天它仍被列在联想人的"职业操守"清单里。

如果知道身边同事的薪酬比自己多，你会感到气愤：我们干的活几乎没什么差别，凭什么我拿的薪酬比他少？如果看到两人的收入都一样，你心里也同样不会平衡，我干的活比他多很多，为什么拿的和他一样？从心理学角度来看，一般情况下，人们总觉得自己干的比别人多，比别人好，但得到的却比别人少。所以，在工资薪酬不保密的情况下，很多人总会感觉不平衡，在这种情绪控制下就很难做到为企业真心付出，当然也更难调动工作的积极性。

当然，有一些关系特别密切的员工会互相透露薪酬在所难免，但因为大家都知道触犯这一原则的后果，所以就不可能把它作为抱怨或投诉的理由，如此一来，不保密的危害就被限制在两个人之间，不会扩散到更大的范围。

有些人也有可能这样认为，薪酬保密虽然能在一定程度上或一定范围内消解员工的不平衡感，但也会因此带来一个问题，也就是员工在相互的薪酬比较中得到的成就感和激励会体现不出来。从实际上来说，薪酬保密与不保密的作用，这两者之间并不矛盾，也可以做到两者兼顾，关键在于考核的标准是不是明确，是不是有相应的政策制度做保障，是不是有相应的文化理念做支撑。

虽然员工相互之间不知道对方的薪酬是否丰厚，但联想集团的薪酬结构并不神秘：根据岗位、能力和市场而确定的工资，根据完成目标任务情况而确定的奖金，各种津贴和奖励，此外还有带薪休假、各类保险、工作配餐、出国旅游考察等福利，以及为业界同行所称道的股权激励制度。如果员工想了解薪酬制度明细的标准，也可以在公司的任何部门都可以查到。

员工彼此之间之所以想知道薪水是多少，就是为了想知道自己的薪酬待遇是不是公平合理。那么，工薪保密会不会造成某种程度的不合理，不公平呢？联想公司有确保公平的三件法宝：

联想公司的第一件法宝是先进而科学的评估考核工具。联想公司采用世界最先进的平衡体系对员工的职位级别和能力价值进行量化评估，同时参照人才的市场竞争情况，以此来确定联想公司员工的岗位级别工资；采用指标或任务完成情况来考核员工绩效，以此为标准来确定奖金额度。这些先进的评估考核工具可以使员工们毫不怀疑，薪酬的确能够反映员工对公司的贡献，并且在市场上也具有相当的竞争力。

联想公司的第二件法宝是向下看两级的管理制度。虽然员工之间互相不清楚薪酬高低，但是两人的上司很清楚，他会根据有关标准为两人做一个不违背原则的平衡，而他的上司也要以此来评估他是不是合理公正，如果有私心或者藏有"猫腻"，那么他在联想公司的职业生涯就会结束了。与此同时，联想公司的人力资源部对员工的业绩也会有监控审视，如果发现不公问题，公司就会追究直接管理者的责任。此外，联想公司还设有员工网上"进步信箱"，员工如果认为个人在企业受到了不公待遇，可以直接在网上进行投诉，联想的相关部门就会以此展开一系列调查，并在规定期限内给员工一个明确的反馈。

理想公司的第三件法宝是诚信公平的企业文化。单纯依靠一些标准和政策是做不好人力资源工作的，同样，公平的问题也不是仅凭制度、管理者的公正性和各种评估工具就能顺利解决的。

联想近年来专注的是由产品向服务转型，与此相应，在为IT服务员工确定工资报酬时，首先就要调整市场比较的对象，考核时间不能像以往按照季度开展，而把它调整为按照项目周期来进行，并把能力素质划成若干等级开展综合考评。随着公司战略转型不断深入，联想将持续地运用一些先进工具来帮助薪酬体系继续优化，努力使它更合理、公平、有效。

 ## 破解"年终奖难题"

怎么样发放年终奖，是一个让大多企业管理者头疼的问题：发多了，企业吃不消；发少了，员工不满意。而且不管发多发少，都会有些员工在年终离职跳槽。实际上，年终奖同样也是企业激励机制的一个重要组成部分。如果解决了这个问题，对于促进员工的积极性和维护企业的稳定都大有裨益。

年终奖是一年以来企业和管理者对员工工作的一种肯定，这种奖励方法自古就有。古时候，新年期间各店铺的伙计都会收到掌柜或东家发放的红包。但到了现代，年终奖已经变得不那么单纯了。本着节约成本、给员工加以激励、防止员工跳槽等因素的考虑，到底怎么样发年终奖成了不少企业和老板的一道难题。

也有很多企业考虑不给员工发年终奖，或者采用化整为零的方式，把年终奖平均分摊到每个月的工资之中，认为这样就可以避免年终奖带来的诸多风险。那么，这样发年终奖究竟行不行呢？

现代人消费观念已经改变，已经不再像以前那样，每到年底时人们都有一笔积蓄。而现在，不少年轻人都是月光族，年底正是他们最缺钱之时。特别是在如今这个通信异常发达的社会，如果说员工跟朋友们彼此谈起自己发了多少年终奖时，朋友们有丰厚的年终奖，而自己啥都没有，那么员工心里会怎么想呢？低落和沮丧恐怕在所难免。更为严重的是，公司明明在平时零散地发放了年终奖，员工也依然不会对公司心存感激，并且还会对公司产生不满情绪，甚至会选择跳槽和离职。

年终奖不是小事，它关系着员工当年的工作是否得到了肯定，也关系着员工以一种怎样的心情过年。过年是家家户户团圆之时，饭桌上大家难免会谈到过去一年的一些具体情况，如果有了丰厚的年终奖，员工谈起来时定会对公司或管理者心怀感恩；如果年底没有发年终奖，员工则只能保持沉默、闭口不言。

现如今是一个注重物质和现实的社会，一个人工作更多时候是为了生活。大多数员工对企业的待遇特别关注，如果企业没有年终奖制度，员工的心会凉一半，来年又会是离职的高峰期，他们很容易选择跳槽，因此该发给员工的年终奖绝对不能犹豫。

年终奖究竟要满足什么条件才能发得让企业和员工都皆大欢喜呢？

1. 以双赢为目的

设立年终奖的目的是为了肯定员工当年的工作，激励员工来年更加努力，在来年里为企业带来更大的效益，让企业和员工双赢。因此年终奖的奖励机制一定要规范、稳定，要具备引导性和目的性。

2. 年终奖要满足员工的需求

年终奖的形式可以多样，不必只局限于发放奖金，不同的年终奖形式能满足不同员工的需求，这样才能让广大员工乐于接受。如果年终奖都是一些虚头巴脑、不适用的东西，必将换来花钱不讨好的结果。

3. 年终奖要达成的是激励效果，可以适当引入竞争机制

有人的地方就有竞争，年终奖也不例外。不仅上下级之间的年终奖不能一样，而且同级员工之间的年终奖也不能搞平均主义，可以根据贡献的不同区别对待。对于工作业绩特别出色的优秀员工，应该有特别的奖励，这样才能最大限度地激励那些优秀员工。

4. 年终奖要注意控制成本

企业管理者觉得年终奖确实难发。因为要想所有员工都满意，公司就要付出相当的代价。最好的年终奖规划就是低成本地达到激励员工的效果，但这做起来很难。不同的企业年终奖会不一样，但最好是跟同等规模的企业年终奖基本持平，千万不可小家子气，否则年终奖发得多的公司，可能就是你的员工下一个跳槽的目标。

年终奖的发放，意义极其重大，并不是让员工过个好年这么简单。对于企业来说，年终奖激励手段，是树立员工标杆的大好时机。对于员工来说，年终

奖是企业对自己一年来工作的肯定。

年终奖发得到不到位，已经成为员工跳槽的重要因素之一，如果年初员工流失严重的话，就要考虑是不是去年的年终奖发得有问题。

年终奖是员工判断企业是否强大的参照因素，员工会对没有发放年终奖的企业失去信心。无论是什么原因，没有发放年终奖对于员工来说都是极大的打击。因此，很多企业秉承没钱也要借钱发年终奖的理念，无论如何都要让员工过个好年。但也有很多企业老板觉得平时的福利已经不错了，或者企业今年的效益不好，就取消了年终奖。究竟哪种是对的？其实发放年终奖不在于多，而在于发得好。

 ## 弹性灵活：福利设计的新趋势

企业传统的员工福利实施方法，即向企业内员工提供同样的福利。这种模式使企业制订的福利计划变得简单，减少了福利计划制订的成本。同时，由于统一的规模效应，成本会大大降低。但是除了法定福利之外，员工对非法定福利的偏好常常不一样。而统一的福利计划模式无法面面俱到，从而削弱了福利实施的效果，也增加了企业的成本。从20世纪70年代开始，在西方国家的一些企业中，开始针对员工不同需求提供不同福利内容，弹性福利模式应运而生，并成了福利设计的一个新趋势。

弹性福利制又称为弹性福利计划，它是由美国密歇根大学提出的一种全新的薪酬设计思路。弹性福利制的设计方法是企业根据员工的需求状况，为员工设计出多种福利项目的菜单，员工可以从这种福利项目的菜单中自由选择其所需要的福利。

具体来看，弹性福利制具有如下几方面优点：

1. 满足了员工的不同需求，提高了福利计划的适应性

因为每个员工的个人情况是不同的，所以他们的需求也可能是不一样的。例如，年轻人可能喜欢以货币的方式支付福利，有孩子的成年人希望企业提供儿童照顾的津贴，而年龄大的员工会特别关注养老保险和医疗保险。弹性福利计划的执行，则考虑了员工个人需求，使他们可以选择福利项目，满足个人需求，从而提高了福利计划的适应性，这是弹性福利计划最大的优点。

2. 有助于企业节约福利成本

企业出于体贴，为员工提供了某些福利待遇项目，但员工认为没有多大用处，视其为"鸡肋"，比如企业为员工修建了健身房，但是由于员工只有在下班时间才能享受，而下班后，员工又需要坐班车回家，如果太晚的话，便错过了班车时间，导致健身房的利用率非常低。弹性福利制便可避免这一情况，通过员工自行选择所需福利项目，企业就可以不再提供那些员工不需要的福利，这有助于企业节约福利成本。

3. 有助于福利成本控制

弹性福利制通常会清楚地给出员工的福利限额以及每项福利内容的准确金额，如此就会使员工斟酌选择，从而有助于企业福利成本的控制，同时还会让员工真实地感觉到自己的福利。

不过，弹性福利制在设计和执行中仍然存在一些不足，如：

（1）规模经济性降低；

（2）员工的逆向选择导致经济性行为超过人文性行为；

（3）员工对于福利项目的自主选取具有一定程度上的盲目性；

（4）弹性福利制度中的柔性部分设计不具有市场竞争力；

（5）企业福利制订者和执行者的工作量极大。

事物都存在两面性，从整体来看，弹性福利制不但有效控制了企业福利成本，而且照顾到了员工的个性化需求。在具体实施的时候，弹性福利方案有如下六种类型：

1. 附加型

"附加型弹性福利计划"是应用最普遍的弹性福利制，即在现有的福利计划外，再提供不同的福利措施或扩大原有福利项目，让员工自由选择。附加福利，一般都会标上一个"金额"作为"售价"，根据每一个员工的不同条件，发给其数目不等的福利限额，员工再以分配到的限额去认购所需要的额外福利。此外，如果员工购买的额外福利超了限额，也可以从自己的税前薪资中抵扣。

2. 套餐型

"福利套餐型"是由企业同时拿出不同的"福利组合"，员工只能选择其中一个弹性福利制。就如同餐厅所推出来的A餐、B餐一样，食客只能选其一个，而不能要求更换套餐里面的内容。在规划"福利套餐型"时，公司可依据员工群体的背景（如年龄、性别、住宅需求等）来设计。

3. 核心加选择型

"核心加选择型"的计划由"核心福利"以及"弹性选择福利"所组成。"核心福利"是基本福利，不可选择，"弹性选择福利"之中，这部分福利项目都附有价格，可选购。员工所获得的福利限额，通常是未实施弹性福利制前所享有的，福利总值超过了其所拥有的限额，差额可以折发现金。

4. 积分型

"积分型的弹性福利计划"是按福利项目、成本的不同设立不同分数，然后结合业绩考评分数抵兑福利项目分，次年积分累计。员工可根据抵兑的福利分，享受抵兑的福利项。

5. 弹性支用账户

弹性支用账户是一种比较特殊的弹性福利制。员工每年可拨取一定款项作为自己的"支用账户"，并以此账户去选择购买各种福利措施。此制的优点是福利账户的钱免交税，等于增加了员工的净收入，对员工极有吸引力，不过行政手续有些烦琐。

6. 选高择低型

"选高择低型"福利计划一般会提供几种项目不等、程度不一的"福利组合"，供员工选择。如果员工选择了价值较原有福利措施还高的福利组合，那么他就需要个人支付其间的差价。如果他选了价值较低的福利组合，他就可以要求企业补偿其间的差额。

用优胜劣汰来验证激励效果

——绩效考核的操作方法

绩效考核，关乎员工切身利益的激励

绩效考核是现代企业中不可或缺的管理工具，能够反映员工的一种周期性的工作表现。而科学、有效的绩效考核，可以确定员工对于企业的贡献或不足，进而改善企业制定的相关制度，提高员工的工作效率，激励员工的士气，并可作为公平合理地奖励员工的依据。

绩效考核是企业绩效管理中的一个环节。作为企业的管理人员，必须了解其分类，以便更好地对员工进行考核，提升其工作效率。

一般来说，绩效考核可以按以下标准来进行分类：

1. 按照时间划分

绩效考核按照时间可划分为以下两类：

（1）定期考核。企业定期考核的时间，通常按月、季度、半年或者一年。另外，岗位的考核时间应该按照企业文化与岗位的特点来进行选择。

（2）不定期考核。不定期考核有两个含义：一是指企业对提升的人员所进行的考评，二是指企业管理人员对员工的日常工作状况所进行的考核。通过不定期考核了解和掌握员工的工作表现，能为定期考核积累资料提供相关依据。

2. 按照考核的内容划分

绩效考核按照内容可划分为以下三类：

（1）行为导向型。行为导向型侧重对员工的工作方式与工作行为进行考核，比如服务人员的服务态度，待人接物的方式、方法等，也就是对工作过程的考核。

（2）特征导向型。特征导向型侧重对员工的个人特质进行考核，比如合作性、诚实度、沟通能力等，也就是要考核、衡量员工的基本特点。

（3）结果导向型。结果导向型侧重对工作内容和质量进行考核，比如产品的产量和质量以及劳动效率等。

3. 按照主观和客观划分

绩效考核按照主观和客观可分为以下两类：

（1）客观性考量。一般指考核定量指标，是考核可以直接量化的指标体系，比如，生产指标和个人工作指标等。

（2）主观性考量。一般指考核定性指标，是由考核者按照一定标准的考核指标体系，来对员工进行的主观评价，比如员工的工作行为和结果等。

绩效考核作为企业管理的一个重要职能，是保证企业管理机制有序运转、实现企业各项经营管理目标所必需的一种管理行为，能够为决策者提供企业员工的任免、激励等客观依据。因此，绩效考核对于企业来说具有非常重要的作用，具体体现在下列几个方面：

1. 任用员工的依据

要想判断员工适合企业的哪种职位，必须要经过绩效考核，对其综合素质进行评价，并在此基础上判断员工的能力与专长。绩效考核是"知人、识人"

的主要手段，"知人、识人"是用人的主要前提和依据。

2. 对员工培训的依据

对员工进行培训是人力资源开发的一种基本手段，但是培训必须要有针对性，也就是说要针对员工的不足之处进行补充学习与训练。所以，只有全面了解员工的知识、能力结构以及优势和劣势等，才能对其进行有针对性的培训。

3. 激励员工的手段

激励员工的主要手段有奖励和惩罚，而奖罚分明是企业管理的一个基本原则。要做到奖罚分明，就必须对员工进行科学、严格的考核，最后以考核的结果作为依据，来决定奖罚的尺度。

实际上，考核本身也是激励员工的因素。一方面，通过对员工的考核可以肯定其成绩、进步与长处，进而激发员工的热情，坚定员工的信心；另一方面，通过考核还能发现员工的优点、缺点以及错误和过失等，据此指明员工努力的方向，并促进员工积极进取，保持旺盛的工作热情，出色地完成企业的目标。

一个经营管理有序的企业，一定会定期对员工进行科学、有效的绩效考核。那么，企业进行绩效考核应遵循哪些基本原则呢？

1. 公开的原则

企业的公开与开放式的评估考核，必须要做到员工评价上的公开与绝对性，这样才能取得公司员工的一致认同，并易于推行考核。此外，评价标准也要明确。

2. 严格的原则

如果企业的绩效考核不严格，就会使考核变成一种形式主义，这不但不能全面反映出员工的真实情况，而且还会造成非常消极的后果。通常，绩效考核

的严格性包括:

（1）考核标准要明确;

（2）考核态度要严肃、认真;

（3）考核制度要严格,程序和方法要科学。

3. 单头考评的原则

单头考评,指的是对各级员工的考评必须由被考评者的直接领导进行。因为直接领导是最了解被考评者的实际工作表现的,也是最有可能反映真实情况的。

单头考评明确了考评的具体责任,并且让考评系统与企业系统保持一致,这更有利于加强企业的指挥机能。

4. 结果公开的原则

考核的最终结论应对考核者本人公开,这是确保绩效考核民主的重要手段。

考核结果公开,一方面,可以让被考核者熟悉自己的优缺点,使得优秀者再接再厉,继续保持,也能让考核结果差的人心悦诚服,进而迎头赶上;另一方面,还有助于防止绩效考核中可能出现的偏见和错误,以保证考核的公平、公正和合理。

5. 与奖惩结合的原则

企业管理者可以按照绩效考核的结果,对员工赏罚分明,即通过工资、奖金的方式与赏罚联系起来,这样才能实现绩效考核的真正目的。

6. 考评客观的原则

要按照制度中明确规定的考评标准,来客观地对考评者进行评价,以避免管理者带入主观性和感情色彩。

7. 差别的原则

等级之间的考核要具有明显的差别界限，在晋升、工资、任用等方面体现出差别，这样才能让考评具有激励性，以鼓舞、激励员工积极工作。

绩效规划要以战略目标为基准

企业管理者要想达到员工和企业一起成长的目标，那么，在绩效指标提取阶段必须要正确操作。正确指的是员工的绩效指标衍生于企业的大目标。企业首先制订战略目标，然后在这个大目标基础上，再进行细化分解，逐步形成企业员工的绩效考核指标。

对绩效管理价值的定位决定了企业操作绩效管理的眼界和格局。如果只是把绩效管理当成填表打分，那么企业操作绩效管理时，就会专注考核表格的编制和填写上，就容易形成暗箱操作；如果企业能清醒地认识到绩效管理的作用是为了企业落实战略目标、为了员工成长，那么企业在运行绩效管理的时候，一定会用更多的时间关注企业的战略目标，关注绩效管理流程的设计，关注员工绩效改善。

提升组织绩效，落实战略目标。根据六阶段理论将战略执行分为以下六步。

1. 战略的制订

通过战略的具体分析，明确企业未来的使命、愿景和价值观，明确企业的战略定位和战略目标。在这个阶段，企业的战略目标还不具体，比较抽象，因此也难以理解和执行，也很难在企业负责人和员工间进行有效沟通与交流。

2. 战略的规划

为了把战略目标宣传和贯彻给各级经理和员工，企业需要进行第二个步骤，就是规划战略。所谓规划战略，就是利用平衡计分卡的绩效评价体系中战略地图的思想，对战略目标进行客户、财务、内部流程、学习与成长等层面的解读，明确每一个层面细化出的目标，形成战略地图。

在细化战略目标后，确立每一个具体目标的衡量指标和行动计划以及战略性预算，这就形成了公司层面的平衡计分卡。

这里有一个思考脉络：企业首先规划一个战略定位；然后利用框架性的战略地图，把企业的战略定位分解成四个层面的战略目标；在战略目标分解的前提下，形成针对每一个目标的衡量指标；接着再对衡量指标进行比较明确的界定，明确目标值和衡量标准；继续往下走，再针对每一个衡量指标制订详细的行动计划。

3. 组织协同

在公司级平衡计分卡基础上，管理者要做好组织协同工作，即把企业的目标与部门的目标以及各部门之间协同起来，形成部门级平衡计分卡。

利用部门平衡计分卡建立绩效指标库，然后进行指标分解和提取，形成经理和员工的业绩合同。

从目标到衡量指标，形成了管理者和员工的业绩合同，然后进入绩效管理环节。这就是员工绩效和组织绩效相联系的过程。绩效考核指标使员工和组织完美地结合起来。

4. 规划运营

对行动计划和支撑考核指标的流程进行优化，也就是进入了绩效管理的执行环节和绩效辅导环节，在这里，部门管理者和员工保持持续的绩效沟通，管理者帮助员工提升技能，排除障碍，解决困难，彼此探讨如何才能更好地完成考核指标。

5. 监控与学习

绩效管理运行到一定时段，企业需要对近期和远期的目标进行回顾，从而进行运营分析和战略分析。在绩效管理体系中，该环节和绩效面谈非常紧密，管理者通过绩效面谈对员工的绩效进行总结，帮助员工找出不足，在下一个时段内提升。

6. 检验与调整

经过一定时间，企业应该结合环境变化和对企业未来发展的思考，对战略定位进行合理科学地调整，这就进入了检验与调整环节。与此同时，根据企业的战略调整，对下一年的战略目标和衡量指标体系同时进行调整，从而进入下一年的绩效管理体系。

到这里，战略执行的这六个环节就形成了一个闭环，而绩效管理居于这个闭环中的重要位置，起着承上启下的作用。

如果企业的管理者看待绩效管理也是这个角度的话，就不会大事小事一把抓，把什么指标都往里装了，而是把绩效管理提升到战略层面来运作和思考。

传统KPI考核和新型绩效考核

在薪酬绩效考核过程中，企业管理者会遇到这样的困难："怎么样运用科学的考核方法更有效地进行员工的绩效考核评估。"因此根据企业的实际情况选择有效的绩效考核方法是企业人力资源主管十分关切的问题。通常情况下，大多数企业的绩效考核方法有6种，即KPI绩效指标法、平衡记分卡法、主管述职评价法、目标管理法、360°反馈法和PDCA管理循环法。

KPI绩效指标法可以让管理者明确本部门的主要责任，并在此基础上，明确部门员工的可量化的业绩衡量指标。KPI绩效指标法是绩效计划的重要组成部分。所以，建立一种明确的、切实可行的KPI体系，是做好绩效管理的关键。

KPI符合一个重要的管理原则，即"二八法则"。也就是说，在创造企业价值的过程中，20%的骨干人员能够创造出企业80%的价值。将"二八法则"用在每一位员工的身上也同样适用，即工作任务中的80%是由员工的20%关键行为完成的。因此，只要我们抓住了员工20%的关键行为，就可以对其进行分析和衡量，这样也就能够抓住业绩评价的重心。

提炼关键绩效指标——KPI绩效考核法

KPI绩效考核也称为关键绩效考核，是企业最常用的绩效考核方法之一。

KPI绩效考核是通过对工作绩效特征的分析，提炼出最能显示工作绩效的关键指标体系，并以此为基础进行绩效考核的模式。企业在利用KPI绩效考核时，需要遵循SMART原则，具体内容如下。

S代表"具体"：关键绩效考核的考核指标要切中"要害"，落到实处，不能笼统。

M代表"可度量"：关键绩效考核应该是数量化或者行为化的，绩效指标的验证数据是可以获得的。

A代表"可实现"：被激励对象在付出努力的情况下，可以实现薪酬激励的考核目标。

R代表"相关性"：关键绩效考核目标的设定必须与企业各个部门及其岗位的职责紧密相关。

T代表"时间限制"：薪酬绩效考核也需要设置考核期限，鞭策员工在规定的期限内达到目标。

企业确立KPI绩效考核的要点在于方案的流程性、计划性和系统性，详细操作流程如下：

明确企业战略目标——总目标分解到部门——部门目标分解到个人——选择KPI绩效考核指标——设计KPI绩效考核方案——跟踪监控KPI绩效考核进度

第一步是明确企业的战略目标。企业通过内部会议，利用头脑风暴法找出企业的核心主营业务。然后再找出核心业务的关键业绩指标，即企业级KPI。

第二步是分解总目标到各个部门。各部门需要依据企业级KPI建立部门级KPI，再分解部门的KPI，确定相关的要素目标，分析绩效驱动因素，如技术、组织、员工，科学地评价指标体系。

第三步是分解部门KPI到员工。部门员工再将部门级KPI分解为个人级KPI，这些关键绩效考核指标就是对员工考核的要素和依据。这种KPI体系将带领着部门员工为实现战略目标而努力，也必将对各部门的薪酬激励管理工作起到很大的促进作用。

第四步是选择KPI绩效考核指标。企业结合各个部门的工作实际选择科学、合理的考核指标，例如，客服部的考核指标是客户响应时间、客户投诉率和客户满意度；销售部的KPI考核指标是目标完成率、首款到账率、季度销售额和市场拓展度。

第五步是设计KPI绩效考核方案。结合企业级KPI、部门级KPI和员工级KPI来设计KPI绩效考核指标，这样能够确保KPI绩效考核的完整性和公平性。

第六步是跟踪和监控KPI绩效考核方案的实施。企业管理者通过实时监督KPI绩效考核方案的实施情况，确保所获得的数据能够全面、客观和精准地反映员工的绩效；一旦方案出现任何问题，管理者也可以控制。

KPI绩效考核管理实际上是管理双方达成共识的过程。企业管理者给企业员工设立工作目标的依据来自部门级KPI，而部门级KPI又来自于企业级KPI，在层层分解的逻辑关系下，才能保证每个岗位都在企业级KPI领导下工作。

 # 进步速度是重要衡量指标

"以进步的速度来评定，而不是以进步的绝对值来评定。"盖洛普咨询公司所提出的评先进是以进步的速度来评，而不是以进步的绝对值来评，这与华为公司一贯的考评方法是一致的。华为以绩效改进来考核干部，这样将会出现最好的人找不到绩效改进指标的情况，这是很痛苦的。但我们认为当华为到了这种找不到绩效改进指标的痛苦时，才是最幸福的。

——摘自《为客户服务是公司存在的唯一理由》（2001）

华为的薪酬一直以来在业界都颇具竞争力。在最新的薪酬调整中，任正非建议不再对现有的标准做任何变动，而是去调整个人职位级别，原则上是以岗定级，但不教条僵化，也可以尝试脱岗定级。比如，今后可能存在少部分员工没有岗位，只要够出色，有使命感和创造力，也是可以评个人职级的。定个人职级是为了推动"岗位职级循环晋升"。如原来20级的组织，其中做得特别好的可以转到21级，每三年转一圈，做得出色的才动。每年拿30%的优秀部门来评价，假如明年这个岗位还在先进行列里，就说明更先进了，还要涨。落后的岗位没涨，就会去争先进。此举目的在于慢慢拉开优秀员工与一般员工之间的差距，提高那些优秀人员的待遇，让"老实人"多拿薪酬先富起来，推动千百人去争做"老实人"。

　　公司奖励那些跑在最前面的人，其最终目的还是调动全体职工的工作热情和积极性，进一步提高劳动生产率。员工一定想多挣一些钱，所以公司也要为员工创造条件，要用差异化的思维来管理不同的岗位，不能用一套标准去衡量所有的人。对待那些特殊的专业人群，就要采用特殊用工和激励方式，如：厨师可以拿提成制，干得多拿得多，抢着出单，才能促进服务质量的不断提高；法务、翻译等人群，可保留，也可以用社会上临时的资源，比如同声翻译，短期可以雇用一次，表面上看花不少钱，实际使用起来的成本还是降低了不少；文字翻译，只要能及时交付翻译稿件，不耽误事，也可以在家里上班，不用去公司来回跑……如果员工在面对"可期望的高薪"时仍旧若无其事，公司就应该认真考虑一下相应的制度是否存在不合理的地方。

　　海外薪酬福利要逐步向欧洲市场化管理看齐，力求做到简单化。公司发高薪的同时，也要建立相应的制约机制，不能让大家比赛浪费，过多的工资补贴不一定能增强战斗力，反而可能让员工懈怠。如果发下去的薪酬福利起不到激励的作用，那就不应该发，或者改成别的形式发。任正非举了一个例子，华为以前曾鼓励员工去伊拉克、利比亚、阿富汗等地区，可是很多员工都不愿意去。为了保障派往这些地区的人数，华为公司采取了诸多全球化的限制方案，可结果是，不仅没有把员工引向阿富汗，还增加了去其他地区的难度，到最后还把整个组织都压得透不过气来。后来，华为公司为阿富汗、伊拉克等地区专门建立了一套激励体系，吸引部分员工做出决定，让他们投身阿富汗等地区。这些激励体系自成一体，与公司其他体系没有联系。经过一段时期的检测，实际运作效果非常理想，那些去了阿富汗等地区的员工很少有想再回来的。如果当时只是发一些补贴，根本不会有这么理想的效果。

 ## 给高绩效员工来点特殊奖励

如果企业里有一个明星员工，他在团队中有自己独特的角色和位置。也许他身上有团队中所需要的独特技能，可能他将要和你共同工作，你要想方设法让他留下来。

不管他有什么样的其他缺点，企业管理者仍旧想留住这个人才。这个明星员工可能很受顾客欢迎；或者他掌握了很多企业团队的信息，而这些信息不能被泄露出去。不管这个明星员工对你意味着什么，你都知道拥有这个明星员工将会给企业或团队带来更多的机会。总而言之，你不想失去这名明星员工。

企业管理者要做什么呢？下面是布兰达·赫尔普斯的做法。作为亚利桑那州图森米拉沃度假村和水疗中心人力资源副总裁，布兰达创造了一种以结果为导向的理论。布兰达·赫尔普斯认为，要想留下优秀的员工，就要和其他员工的工作结果相挂钩。对于员工来说，就是增加激励和奖励，以提高他们在公司中的价值。这样他们就不会因为要发展自己的事业而离开公司。下面有两个例子：

1. 给员工一处内部房产

米拉沃度假村的一部分财产是属于员工个人的。当这部分财产属于个人时，他就会成为全职的房屋看管员，这样他就会为前来入住的客人提供更高水准的服务。他可以更准确地了解顾客的需求、品味和偏好，所以在顾客到来之前他就可以把房间准备好。他喜欢自己现在的工作，但是也为自己的下一步成长做好了准备。当然，米拉沃度假村愿意留下他这样的员工。虽然整个组织中并没有下一步晋升的职位，但是米拉沃把他送到了房地产学校。因此，他可以出售米拉沃两处财产。他在四个月内将两处房产全部卖出。有谁能比了解并热爱这个项目的人来出售这些财产更合适呢？他会告诉买方"当你入住的时候，我还会继续为你服务"。

不是房地产委托外部机构，他还能从中取得佣金——他很喜欢自己这个额外得到的技能，他可以像一个专业的房地产经纪人一样专业。对于米拉沃来说，没有其他人知道这个别墅奖励计划，而且他个人也对这个项目抱有极大的热情。所以，米拉沃的员工对产品和服务也表现出真正的热情和周到的服务，并且致力于为客人提供服务，满足客人期待的要求。

他也开始成为潜在的买家。（作为别墅项目的看门人，他能准确地知道顾客的喜好，这也激励他成为一个更优秀的所有者。）因此，他为了自己的别墅跟踪市场需求，并帮助米拉沃决定建下一个别墅的最佳时间。

2. 节约成本，获得额外佣金

米拉沃财务主管的工作潜能远远超出了正规的职位要求。米拉沃认可这一点，他自己也知道这一点。他不是被动地希望找到一个更有挑战性的职位，米拉沃找到了自己的方式能够通过兴建项目来挣更多的钱。首先降低成本。如果他实现了节约成本的目标，他就会收到额外的佣金。

员工必须要采取真正严格的措施，才能确认他们的职位能够直接帮助企业增加活力。与此同时，每个人都必须认真思考他们做什么才能不仅仅是满足岗位描述的要求，他们如何才能真正帮助企业提高价值。高附加值的员工（你想留住的员工）不得不在某种程度上承担企业的思维模式。他们之前从来没有这个高的价值，同时他们的价值也需要以某种方式作为回报。

仔细思考一下，该如何回报这些潜在的企业家，让他们的能力得到最大的发挥，远远超出岗位描述所要求的。并且，企业管理者要对他们额外的努力和成果给予奖励。把自己当作一个优秀员工的经纪人——要创造性地将有价值的商业机会和这些潜在的企业家有机组合。你可以利用你自己的价值、创造性人才和他们的能量共同为企业开发更多的利益。说不定你还能在这项工作中重新找回自己对工作的热情，企业也会因为留下了你而受益。

 ## 公平公正公开的"末位淘汰制"

先看下面这幅竞争意味浓厚的画面：

清晨，当太阳冉冉升起的时候，在非洲广袤的大草原上，动物们的"生存竞技"就开始了。

豹子的爸爸开始教育小豹子："孩子，你一定要跑得快一点儿，再快一点，如果跑不过最慢的羚羊，那么等待你的将会是死神的到来。"

羚羊爸爸在另外一个地方也在教育自己的孩子："孩子，你一定要跑得快一点，再快一点，如果跑得比豹子还要慢，等待你的将会是豹子无情的血盆大口。"

自然界和人类社会都是残酷的，弱肉强食，优胜劣汰的生存法则无处不在。跑得慢了，就会被无情淘汰。搞管理学的人，把这种无情的竞争机制引到管理中，就成了"末位淘汰制"。简言之，"末位淘汰制"是一种绩效考核制度，是指管理者根据团队的总体目标和具体目标，结合各个工作职位的情况，设定一定的考核体系，并以此考核体系为标准对员工进行绩效考核，再根据结果对成绩靠后的员工进行淘汰的绩效管理制度。

现实中经常有这样的事，比如让某人做某事时，你和对方说，"只有一次机会"，对方往往会变得特别勇敢起来，会在没有丝毫抵抗的情况下采取行动。因为"只有一次机会"使对方变得非常畏惧，从而让人高度警觉。"末位淘汰制"就是利用了这种畏惧心理，使人变得勇猛而警觉。这种"末位淘汰制"虽然残酷无情，但符合市场竞争机制，有积极的一面，从客观上能够激发员工的热情，以及解决人员冗杂问题。

美国一家企业的销售部实行"末位淘汰制"。该公司每季度对全体销售人员进行一次考核，然后依据考核的结果调整职位。几名销售业绩最差的被降为普通业务员，而业绩最好的销售业务员就自动升职。

这个"末位淘汰制"让销售副总监们如履薄冰，他们生怕自己一不注意，就会被残酷淘汰，即使是每个赛季排在前三名的副总监也会有被淘汰的危险。结果，这家公司在施行"末位淘汰制"一年后，企业业绩比上一年增长了一倍多。

"末位淘汰制"其实就是竞争。有竞争才会有高低好坏的区分，才能产生活力，才能激发企业员工的热情。但要搞清楚的是，商场竞争并不是战争，竞争中彼此要互相扶持、共同进步，而不能互相打击，玩手段搞恶性竞争。

　　经验丰富的渔民在捉螃蟹的时候一般使用小口的竹篓子装螃蟹。捉到第一只螃蟹放进竹篓时，渔民会把竹篓的盖子盖严，等捉到第二只螃蟹的时候，就不需要盖盖子了。这里有什么奥妙呢？原来当有两只或两只以上的螃蟹被装进竹篓时，螃蟹们都抢着往出口爬。但竹篓口只能容一只螃蟹通过，螃蟹都想爬出去，互不相让，彼此阻挠，最终一只螃蟹也爬不出去。这就是所谓的恶性竞争，这样竞争的结果常常是两败俱伤，谁也不会成功。

　　因此作为企业的领导者，一定要引导下属进行合理有序的竞争，并想方设法杜绝恶性竞争。良性"末位淘汰制"的建立，需要领导者实事求是地依据本单位的客观情况，明确目标和职责。如果目标和职责不明确，考核标准就无法确定。此外，还要明确考评的目的和范围，以及规定考评的主体，并设立考评项目和周期，以及考评办法及奖惩措施。

　　对于企业员工而言，"末位淘汰制"缺乏人情味，过于残酷，因此，会对其产生一种畏惧心理，这就要求企业领导者善于利用"末位淘汰制"的积极因素，而要注意避免或削弱其消极因素。

　　怎么样才可以避免"末位淘汰制"的消极因素呢？办法就是将"末位淘汰制"与人本管理思想相结合。人本管理思想突出人性管理，提倡相互帮助、提携，尊重人性，注重长期效应。

　　可以尝试适当延长"末位淘汰制"的淘汰周期，前提是不改变该制度考核周期，如此，可以给考核者一个机会，这样会有效提升员工的工作积极性，也能够让员工对自己在工作中的态势有个认识，促其找差距，补不足。特别重要的是，如此可以缓解员工的心理压力，增强其信心，同时，还可以缓释员工之间的紧张关系，使团队成员更加重视工作业绩，在团队里形成一种有序的互相赶超的良好竞争局面。

　　总而言之，企业领导者有必要建立"末位淘汰制"，以此激励员工相互帮助、共同进步，增强组织的凝聚力。

10

"我们"的事业，"我们"的财富

——股权激励的黄金法则

股权，不花现金的激励

股权激励看上去好像是分了老板的钱，但实际上，老板赚的钱会更多。

举例来说，一家公司，年利润2000万元，分出10%的股权后，由于员工拥有了股权，有了为实现自己利益最大化的机会，那么就会加倍努力，推动企业利润增长30%，老板的2000万元到最后也变成了2600-260=2340万元，多得了340万元，何乐而不为呢?

因为不少股权激励方式还需要员工购买，所以这对于企业缓解资金压力和财务压力还有一定的帮助。

持有某公司的股票，就说明占有某公司的股份，具有股东资格，享有股东权利。同时，持有的股票越多股份比例就越高，股东权利就越大。

企业实行股权激励有哪些意义呢?

1. 股权激励可以推动企业长远发展

股权激励作为一种新型的激励机制，不同于传统的薪资、绩效及奖金激励，因为传统的激励机制只能从客观上刺激到员工的短期行为，不利于企业的长期稳定发展。

当企业开始实行股权激励后，对企业员工的考核形成了一个长期的、科学的和合理的考核机制，员工不仅会关注企业的财务状况，更会关注企业在未来创造价值的能力。

股权激励一般都有一个长期的过程，这就要求企业员工长远地关注企业发展，全心全意地为企业奉献，以保证自己能够获得理想的收益。

2. 股权激励能够刺激员工的工作热情

当企业发展到一定阶段后，市场已经逐渐趋于饱和，同质化的产品泛滥，消费者的消费欲望降低，而部分企业为了在市场中形成竞争优势，往往会对产品进行低价处理。尽管企业员工全力以赴地完成工作指标，但业绩始终上不来。这种情况，短期内员工可能会坚持，但是长期如此，员工的工作积极性就会降低。那么，企业管理者该如何提升员工的工作热情呢？

股权激励是提升员工工作热情的"法宝"。首先，股权激励直接让企业员工从雇员升级成为股东，从代理人成为合伙人。员工心态也必然会发生微妙的变化，过去是帮老板打工，现在是为自己打工。

工作心态的改变定然会促使员工更加关心企业的经营状况，会更加关注企业的发展，也会极力抵制一切损害企业利益的不良行为，提升企业整体工作效率。

从企业的长远发展来看，企业要想规避员工的短期行为，可以考虑执行股权激励，与员工签署股权授予协议书，表达出企业与员工共同成长的心愿，让员工更加专注于自己的工作，这样一来，企业的整体效率自然就会提升，这也是对企业战略顺利推进的一种保障。

3. 股权激励可以避免企业的"走后门"现象

企业发展到一定阶段后，一些老员工为了稳固自己在企业中的地位，通过"走后门"在企业中安插自己的人，形成庞大的关系网。为了规避这一问题，企业管理者可以采取股权激励的手段来处理。"走后门"会严重影响企业的正常人事管理，造成人才和岗位不匹配。如果企业的关键岗位被霸占，企业的命运则危在旦夕。而股权激励则可以为企业选拔出更多的优秀人才，确保企业正常运营。

4. 股权激励可以留住优秀的外部人才

企业通常会在外部高薪聘请人才，但是外部人才经常会"离家出走"。这对于企业而言，会造成多方面成本的损失。如果企业实施股权激励，将企业股权分给优秀人才，则可以达到留住优秀的外部人才的目的。企业管理者应该明白，除高薪之外，挽留人才的利器就是股权激励。

5. 股权激励能够避免被竞争对手"挖墙脚"

企业好不容易招聘来的人才，但是总被同行"挖墙脚"，尽管企业给出的薪酬已经很可观，却仍然留不住人才。企业管理者不妨采用股权激励的工具，利用股权当作"诱饵"，让员工自愿留下来，并且愿意和企业共同成长。

企业面对愈演愈烈的"挖墙脚"风气，用心良苦地想用股权激励留住员工。对于人才来说，他们的身价不仅取决于薪资多少，更取决于所拥有的股权的数量和价值。另外，拥有股权也是一种身份的象征。所以，企业要想吸引和保留高层次人才，股权激励不可或缺。

6. 帮助企业争取到融资机会

许多企业在资金困难的情况下，通常会申请融资，但是投资者却屡屡拒绝了企业的融资案，这是为何呢？

投资者不会贸然地投资一个不成熟的项目，在投资前会对企业各方面进行全面地考核。其中，关于企业内部激励机制就是一个很重要的考核指标，建立了股权激励机制的企业一般更容易获得风投。

找准激励对象，组建内部团队

股权激励的对象是股权激励计划中特别重要的一环，只有选择对的人，才能做对的事。如果股权激励对象选择不当，将会产生不公平的现象，势必会引起其他员工的不满，将会影响公司的正常运营。那么，企业怎样才能找准激励的对象呢?

1. "定人"有要求

股权激励的目的是为了企业发展留住人才，而所谓的"人才"，就是对激励对象提出的要求，具体因素如下：

（1）核心人员：对公司有贡献，对公司有影响的重要员工，包括生产、设计、技术及管理等多方面。

（2）志同：被激励的员工与企业必须是一致的发展方向，拥有共同的目标，这样能减轻企业的监督成本。

（3）道合：被激励的员工充分认可企业的文化，并能够快速融入其中，这样有利于培养一支具有战斗力的团队。

2. "定人"有参考因素

企业选择被激励对象也是参考一定的因素的，这样能够确保选择的激励对象正是企业所需要的，具体因素如下：

（1）历史贡献：这是对于老员工来说的，以工作中对公司的贡献为参考标准，选择贡献度最大的员工。因为员工对于公司的贡献是有目共睹的，这样能够确保股权激励的公平和公正。

（2）潜在价值：这是对于新进公司不久的员工而言的，新员工是公司的新鲜血液，对公司后续发展起到很大作用。企业通过考量新员工的潜在价值来判断是否能够作为股权的激励对象。

（3）工作能力：这是针对入职有一段时间的员工来说的，因为工作能力的强弱决定了员工对企业的贡献值大小，选择工作能力强的员工作为激励对象能够提升企业的整体水平。

企业如果严格按照以上的标准来确定股权激励对象，就能够在最大限度上确保股权激励的效果。无论在什么样的企业中，管理团队相当于是领头羊，带领着团队不断前进，所以说，企业组建一支充满战斗力的管理团队是十分有必要的。企业在执行股权激励计划之前，要通过对各个岗位的职责划分，保证管理团队成员各司其职，共同发展。因此，企业需要组建一支内部管理团队，并且对其职责进行明确的划分。

如果说企业管理团队是"领头羊"，那么技术团队就相当于是"发动机"，技术团队的能力决定了企业能够走多快，能够走多远。由此可见，内部核心技术团队是决定股权激励成功的关键。许多大中型企业由于多年的运营，实力雄厚，资金周转能力强，且内部管理相对人性化，技术人才会慕名而至。但是对于微小企业来说，如何从零开始快速组建一支内部核心技术团队呢？

1. 理解人才的需求

微小企业在寻找人才的时候，需要真正理解人才到底需要什么？总结概括而言，主要包括四点，分别是薪资要有保证、技术要有梦想、工作要有发挥的空间及对自身成长有帮助。

不同的阶段中，技术人才的需求也会有所不同，这就要求企业把握人才的需求，具体如下：

（1）初级人才：刚毕业的大学生属于初级技术人才，他们会看重岗位和自己专业的匹配性，对于薪资没有过高的要求，企业只需提供适合的岗位和薪资即可引入"新生"力量。

（2）中级人才：对于已经工作了好几年的中级技术人才，他们积累了很多的工作经验，工作中能够独当一面。但是他们一般面临着房贷、车贷和小孩教育经费的压力。因此，他们会对短期利益更加看重，即高薪是留下中级技术人才的关键。

（3）高级人才：工作了10年以上的高级人才，他们一般更加看重企业的长期利益和自身的发展空间，企业给予高薪和股权激励，很容易引入"千里马"，这就是很多高级人才加入创业型企业的原因。

所以，企业只有了解不同人才的不同需求后，才能有针对性地选择人才，引入有潜力的初级人才，招来经验丰富的中级人才，吸引一跃千里的"千里马"——高级人才，进而形成全方位发展的技术型团队。

2. 筑造栖巢，引来鸾凤

企业在招徕人才之前，也需要筑造"巢穴"，即办公环境。良好的办公环境，在无形中也能够为企业吸引来人才。

现在，人才越来越重视办公环境质量、工作氛围的融洽度、交通的便利性及办公场所就餐的便利性等方面。所以，对于初创型企业而言，选择创业地点也是非常重要的。

3. 自己主动培养人才

无论是哪个企业，能够招到优秀人才的能力总是有限的，且随着人力资源成本的不断上升，初创型企业可能会面临着巨大的人力资源成本压力。此时，这样的企业可以主动去培养人才。

 # 定股、定量、定时，实施股权激励

选对股权激励工具——定股

企业究竟应给激励对象什么样的股份？这个股份是当下的还是未来的？是管理意义上的，还是法律意义上的？是虚拟的还是真实的？

根据企业自身的规模和发展阶段，选择股权激励策略和工具。比较理想的股权激励模式有：

初创期：分红权、分红回填股、技术入股等。

发展期：员工以技术、资金、人力资本等要素入股；员工持股计划；储蓄——股票参与计划；期股；等等。

扩张期：参与计划、员工持股计划、业绩股票、储蓄——股票参与计划、延期支付计划等。

成熟期企业可以根据具体情况，选择股票期权、股票增值权、业绩股票、虚拟股票和延期支付计划等激励模式。

把控股权激励数量——定量

究竟要拿出多少额度激励员工，这是所有实施股权激励的企业都关心的事情。上市公司，对管理层推行股权激励时，额度一般不能超过企业总股本的10%。

1. 确定股权激励总量

不同公司在确定股权激励总量时，都必须要考虑很多要素。非上市公司，股权激励的尺度可以适当放宽，但是不同发展阶段，股权激励的策略是不一样的。在了解了确定股权激励总额的基本要求之后，应具体决定股权激励计划的激励总额。

2. 确定股权激励个量

股权激励最终都要落实到具体某个人，因此必须考虑到个人获得股权数量的方案。

一般情况下，企业规模较小时，以股份比例计算，通常会对高管给予5%～8%或者更高比例的股权激励额度；而企业发展到相当程度时，就不再以股份比例的形式进行激励，因为涉及的对象多，股份比例偏小，此时可按股数来分配，也就是将企业的股本用一个直观的数字表示，例如1000万股、5000万股等。

把握股权激励时间——定时

股权激励方案对时间的确定，一是股权授予时机，二是安排授予时间表。

1. 选择授予时机

从个人角度考虑，股权激励授予时机主要有：受聘、升职、每年的业绩评定后、新的业绩指标下达之时以及取得重大成果之时。实践表明，授予股权时机最多是在经理人升职或下达目标时，而每年的业绩评定后或新的业绩指标下达之时授予股权的情况较少，这也是股权激励基于未来创造的集中表现。

从公司的角度考虑，在企业出现重大变化时，股权激励计划需要尽快推出。

2. 安排授予时间表

股权激励计划必须要列明获得股权的时间表。通常，股权激励不能在授予后马上行权，需要在等待期结束后才能行权。

（1）授权日

授权日是企业向激励对象授予股权的日期。上市公司授权日必须是交易日，非上市公司授权日没有法律限制，公司可以根据自己的实际情况而定。

在我国，下列时间不得作为授权日：定期报告公布前30日；重大交易或重大事项决定过程中至该事项公布后2个交易日；其他可能影响股价的重大事件发生之日至公告后2个交易日。

（2）可行权日

可行权日指的是激励对象可以开始行权的日期，对于上市公司来说，必须是交易日。

（3）失效日

失效日指的是，激励对象过了这一天还没有行权，股权激励计划就自动作废，不能再行权了。

（4）有效期日

有效期也叫执行期限，是指从股权授予日起到失效日止的整个时间跨度。在授予股权时，股权激励合同中必须明确有效期限。股权激励必须在期限内执行，超过期限，股权激励计划就作废。

在我国，如果要捆绑经理人10年，建议分两次进行，一次股权激励的有效期为5年。

（5）等待期

股权激励从授权日到行权日这段时间为等待期。股权激励计划在授权后，激励对象不能马上行权，必须等到可行权日，进而在有效期内选择是否行权。

设置一个等待期，主要是为了加大了被激励对象的失败成本，有利于留住人才，激励其工作。

（6）行权期

等待期结束后就进入行权期。行权日到失效日之间都是行权期，激励对象可以根据公司价值的变化以及股价的波动选择一个对自己有利的时机行权，但必须在失效日之前完成行权。

 制定配套文件，约束激励对象不良行为

当股权激励方案初步完成后，企业需要制定股权激励的配套法律文件，其中主要包括《股权激励协议书》、《股权授予通知书》及《商业保密协议》等配套法律文件。下面将以案例的形式介绍如何制定股权激励的配套法律文件。

某电子企业为了适应企业的发展需求而实行股权激励，为了保证股权激励的顺利开展，企业制定了相关的法律文件，《股权激励计划协议书》、《股票期权授予协议书》和《商业保密协议》，具体如下：

《股权激励计划协议书》

甲方（公司）：_____

地址：_____

法定代表人：_____

联系电话：_____

乙方（激励对象）：_____

身份证号码：_____

地址：_____

联系电话：_____

鉴于：

1. 某电子企业（以下简称"公司"）于2008年7月1日在工商部门登记，注册资本金总额为2000万元人民币。

2. 乙方系公司正式员工，从_____年_____月_____日入职公司，曾对公司做出贡献，公司有意对乙方进行额外奖励和激励。

3. 根据公司《股权激励计划》《股东会决议》及国家法律法规及政策之规定，公司同意由乙方出资认购公司_____%的激励股权。

现甲、乙双方经和谐协商，特订立本协议：

一、激励股权的总额

1. 甲方以形成股东会决议的形式，同意乙方认购_____股的激励股权，认购价款为_____元/股，共_____元。

2. 甲方每年应根据乙方的工作表现及对公司的贡献，参照公司业绩的情况，可增减乙方认购的激励股权的份额。

二、激励股权的行使条件

1. 甲方根据《股权激励方案》的规定，对乙方进行业绩考核，计算出乙方可分红的比例。

2. 甲方在每年度的4月份将乙方可得分红一次性支付给乙方。

3. 乙方的可得分红应以人民币支付，除非乙方同意，甲方不得以其他形式支付。

三、激励股权变更及其消灭

1. 因公司自身经营原因，需调整公司人员数量或结构，公司有权按上年末每股净资产回购乙方所持全部激励股权。

2. 乙方有下列行为的，甲方视情况给予乙方支付当年应分配股权分红，并按照乙方所购激励股权的原值进行回购：

（1）双方劳动合同期满，未就继续履行合同达成一致的。

（2）乙方因过失等原因被公司辞退的。

……

四、违约责任

1. 如甲方违反本协议约定，延迟或者拒绝支付乙方可得分红的，应按可得分红总额的___%向乙方承担违约责任。

2. 如乙方违反本协议约定，甲方有权视情况相应减少或者拒绝支付乙方可得分红，并有权解除本协议。给甲方造成损失的，乙方应当承担赔偿责任。

五、争议的解决

因履行本协议发生争议的，双方首先应当友好协商解决。如协商不成，则将该争议提交企业所在地人民法院裁决。

六、协议的生效

1. 甲方股东会决议表示同意是本协议的前提，《股东会决议》《股权激励计划》和《股权激励计划实施细则》是本协议生效之必要附件，与本协议具有同等效力。

2. 本协议一式两份，双方各持一份，自双方签字或盖章之日起生效。

七、其他约定

本协议与甲、乙双方签订的劳动合同相互独立，乙方在享受激励股权分红的同时，仍可根据甲、乙双方签订的劳动合同享受甲方给予的其他待遇。

甲方：_____　　　乙方：_____

_____年_____月_____日　　　_____年_____月_____日

《股票期权授予协议书》

甲方：_____

乙方：_____

根据《股票期权计划》的有关规定，本着自愿、公平、平等互利、诚实信用的原则，甲方与乙方就股票期权赠予、持有、行权等有关事项达成如下协议：

1.乙方承诺从_____年开始在_____年内向甲方赠予一定数量的股票期权，具体赠予数量由公司的薪酬委员会决定。甲方可在指定的行权日以行权价格购买公司的普通股。

2.股票期权的有效期为_____年，从赠予日起满_____年时股票期权失效。

3.股票期权不得转让，不能用于抵押及偿还债务。除非甲方丧失行为能力或者死亡，才可由其指定的继承人或法定继承人代其持有并行使相应权利。

……

甲方（盖章）：_____

代表人（签字）：_____

_____年_____月_____日

乙方（盖章）：_____

代表人（签字）：_____

_____年_____月_____日

《商业保密协议》

甲方：＿＿＿＿＿＿＿＿＿＿＿＿＿＿＿＿＿＿＿＿＿＿＿

乙方：＿＿＿＿＿＿＿＿＿＿＿＿＿＿＿＿＿＿＿＿＿＿＿

甲、乙双方根据《中华人民共和国反不正当竞争法》和国家、地方有关法律、法规及政策规定，鉴于乙方受聘甲方或服务于甲方，在职或服务期间有从甲方获得商业秘密和技术秘密的机会。为保护甲方的商业秘密、技术秘密，双方自愿约定如下：

1. 保密内容和范围

（1）乙方在合同期内开发设计的技术成果，包括技术研究成果、工程设计、产品设计图纸及其说明等。

（2）甲方现有开发成果和技术秘密及设计开发方案。

……

2. 协议期限

聘用合同期＿＿＿＿＿＿＿＿＿年内；

解除聘用合同后的＿＿＿＿＿＿年内。

3. 保密费的数额确定及支付方式

甲方对乙方在聘用合同期内所取得的成果支付了工资，工资中内含保密费，其保密费为＿＿＿＿＿＿元/月，作为甲方对乙方支付的月份固定保密费。

……

甲方（盖章）：＿＿＿＿＿＿＿＿＿＿＿＿＿＿＿＿＿＿

法定代表人（签字）：＿＿＿＿＿＿＿＿＿＿＿＿＿＿＿

身份证号：_____

地址：_____

_____年_____月_____日

乙方（盖章）：_____

法定代表人（签字）：_____

身份证号：_____

地址：_____

_____年_____月_____日

企业通过制定配套的法律协议书，能够保证股权激励的正常开展，尤其是出现法律纠纷的时候。此外，企业也需要运用协议书来保护企业的商业机密。

修改公司章程，为股权激励保驾护航

公司章程是公司组织和活动的基本准则。公司章程是公司依法制定的，公司股东会、董事会、监事会的权限，以及公司经营管理制度等重大事项的基本文件。在公司设立之初，创业者对于如何设置公司章程的条款了解不多。随着企业规模的扩大，在股权激励计划实施之初，将股权激励计划的设计与实施的相关授权问题予以合法化，这就有必要将股权激励计划的重要事项写入公司章程中。

由于股权激励的特殊性，股权激励计划直接关系到股东的切身利益。因此，股权激励计划的实施必须得到股东大会2/3以上的股东的表决和批准。所以建议在公司章程关于股东会的权限条款中，增加部分内容，具体如下：

1. 审批由董事会提交的股权激励计划，针对激励计划提出的建议和意见，必要的时候可以行使否决权。

2. 审批公司股权激励计划，对于股权激励计划过程中的重大修改和终止进行表决。

3. 对董事会办理有关股权激励计划相关事宜进行授权，指导和监督股权激励计划的执行。

4. 全权负责其他应由股东会决定的与股东权益相关的事项，且始终以企业发展大局为重。

企业将股权大会的权益写进公司章程中，使得股东的权益合法化，且规定了股东大会必须始终坚持以公司的发展为出发点，这样能够预防企业的管理权被"独霸"，为股权激励的实施提供了强有力的"靠山"。尤其是股权激励出现错误的时候，股权大会有权更改或者是终止股权激励，以确保股权激励计划早日进入正轨。

某大型工程机械制造公司成立于2008年，由于公司的规模较小，创始人王某某对于公司章程的了解并不多，公司一贯实行"多劳多得，按劳分配"的分配制度，且公司的重大决策也是众人商量而定。

随着公司规模的发展壮大，这种落后的决策制度和分配制度俨然跟不上发展的脚步。为了提升企业的竞争力，王某某决定于2012年开展股权激励。

但是由于在前期没有修改公司章程，导致股权激励计划进行开展举步维艰。在制定股权激励方案过程中，董事会成员都拼命维护自己的利益，而忽略了企业的发展。

王某某决心整改董事会见利忘义的坏毛病，在公司章程中关于股东大会的权益进行了修改，具体如下：

"股东大会应对公司增减注册资本、分立、合并、解散或者变更公司形式、修改公司章程及有关股权激励计划进行决议，决议应由代表2/3以上表决权的股东表决通过。股东大会应当对所议事项的决定做出会议记录，出席会议的股东应当在会议记录上签字。"

公司章程修改后，很大程度上限制了董事会的表决权，避免了董事会个人的短期行为，保证了企业重大决策的执行力度。公司章程的修改，将股东的权利"扩大"，当董事会在拟定或者是执行股权激励的时候，股东大会对其进行考核，如果董事会的行为严重阻碍了企业发展，股权大会有权利对其进行限制甚至是否决，这样能够避免企业走弯路。

因为股权激励的对象主要是以总经理为首的高管，为确保股权激励的公平性，总经理不能作为股权激励计划的执行者。通常来说，股权激励计划的执行机构是公司董事会。

股权激励计划在起草和实施时，很多细节需要处理，公司需要股权激励工作委员会直接对董事会负责。因此在公司章程中也要修改关于董事会的权限条款，具体如下：

1. 负责起草、修改或者审批下属机构的股权激励计划，递交股东会审批。

2. 审批股权激励计划实施方案，内容包括（分配方案，计划参与人资格、行权时间和授予价格等）。

3. 审批股权激励计划相关配套规章制度，针对股权激励计划提供合理化的意见和建议。

4. 股东大会授权董事会办理的相关事宜，例如股权的获得、变更和丧失。

5. 全权负责其他由董事会决定的股权激励计划相关的事宜，且始终以企业发展大局为重。

董事会在获得股东会授权后，由董事会履行授予相关权利，并且始终坚持以企业发展大局为重，避免个人的短期行为。

在公司章程中，关于激励对象的利润分配条款，可以按照如下方法进行修改。

企业每年将可供股东分配的利润总额的20%按照各股东的持股比例进行分

配，对于公司法及法律、法规、国务院财政主管部门对公司利润分配有强制性规定的，按照相关规定进行分配。

当企业修改了关于激励对象的利润分配问题后，能够让员工感受到手里持有的股权具有的价值，且完成了身份的转变，从普通员工成为企业股东，进而更加能够提高员工的工作热情，并且逐步营造出积极向上的企业工作氛围。

 企业不同发展时期的股权激励

股权激励是近年来十分热门的话题，这主要是因为华为、阿里巴巴和万科等企业相继通过股权激励在企业管理中取得了巨大的成绩，其企业成为行业翘楚，让企业管理者成为行业领军人物，让企业员工更加努力地工作。但是企业管理者不可盲目进行股权激励，企业管理者需要通过借鉴成功的股权激励案例的经验，再结合自身的实际情况来制定股权激励方案，利用成功的经验指导企业的股权激励计划的开展。

很多企业管理者认为股权激励是大企业的专利，不敢轻易尝试；而有的企业管理者则太过"勇敢"，在看过几段股权激励视频或者是几本书之后就贸然进行股权激励。

股权激励作为一种中长期的激励制度，应该和企业发展阶段相匹配。企业管理者需要根据企业发展的不同阶段，总结出以下三种情况。

第一阶段主要是解决合伙人的激励问题，尤其是创业型企业，通过股权激励来留住核心员工。同时引出股票期权的概念，让员工们看到企业未来的发展潜力。

第二阶段是非常关键的，股权激励的实施成败决定了企业的命运。企业经过一定的发展，核心员工很在意老板是否愿意将企业红利分享出来。如果没有，则很容易造成人才流失。

第三阶段属于企业二次爆发期，由于企业发展已经到达了一定的程度，需要寻求突破，而股权激励则是实现企业内部二次创业的一个突破口。

企业管理者在制订股权激励计划时切忌盲目，不然会对企业管理带来一系列的影响。例如，股权纠纷、人才流失、内部斗争及商业机密泄露。

对于创业型企业，期权是定心丸。初创型企业最需要人才，但是企业的规模小，通常不可能付给员工高工资，但是要让员工放弃原有的高薪工作，那就必须利用有效的工具去留住员工。而股票期权就是让员工吃一颗"定心丸"，并且让员工看到企业在未来的发展潜力，进而让员工自愿留下来，与企业共同成长。

企业实施股票期权激励，给员工一个成为股东的机会，且员工成为激励对象后即可享受到股权的分红，能够达到留下核心人才的目的。

总体而言，员工所获得的股权数量的主要依据是员工在企业的职位和对于企业的贡献。

当企业处于成长期的时候，最关键的是汇聚优秀的人才，为企业发展提供源源不断的动力，而分股是汇聚人才的最佳手段。企业将股权发放给员工，其中包括元老级员工、管理层员工、核心员工及特别贡献员工。实现企业的大多数员工持股，这种股权激励机制能够在很大程度上带动整个企业的工作氛围，激发员工的斗志。此外，也能够吸引外部的优秀人才。

企业在成长期中，管理者除了要吸引和留住人才以外，还需要在市场中把握住绝对管理权，采用虚拟股票是确保管理者绝对控股权的绝佳手段。

由于虚拟股权的激励对象只是公司员工。因此，持股员工可以感觉到企业对自己的充分肯定，心生成就感，从而转化为动力。所以，虚拟股权激励适用于高速成长期，留住更多的人才支持企业的发展。

　　企业发展到成熟期时，最重要的就是合理分配股权来稳住军心。通常情况下，成熟期的企业的"员工"分为三种，分别是新员工、关键员工和老员工。对于新员工，如何为他们提供发展平台，使其快速成长起来；对于关键员工，如何让他们愿意留下来成为企业发展的助推器；对于老员工，如何让他们自愿交出"兵符"而退位。如果企业利用股权激励处理好这些问题，就能够保证企业成熟期实现二次成长。

　　不管企业发展处于什么阶段，新入职员工都是企业的新鲜血液，优秀的新员工为企业发展提供了源源不断的动力。在成熟期中，企业更是需要大量的"新鲜血液"，通过实施渐进式激励能够成就新员工，让他们快速成长起来，为企业发展创造更大的价值。

　　对于企业管理者而言，最关键的是通过借鉴其他企业的成功模式的精髓，结合企业的实情来制定渐进式股权激励机制，以达到吸引外部人才的目的。

　　核心人才是企业的"关键员工"，相当于是企业发展的"发动机"，为企业发展提供了源源不断的动力。不论企业处于什么发展阶段，核心人才始终都是企业需要的。而在成熟期，企业通过股权转让可以让核心人才心甘情愿留下来。

　　通常情况下，企业管理者可以说服大股东让渡一部分股权出来给核心人才，让核心人才成为公司的股东，进而实现留人的目的。

 ## 巧用组合工具，提升激励效果

　　无论什么样的企业始终都处于一个变化的环境中，这种变化的环境主要分为内在的和外在的环境。其中，内在环境是指企业的发展阶段、团队的整体能力和企业盈利能力；而外在环境则是指市场竞争程度、行业的发展趋势以及产品的饱和率。综合内、外在环境因素，企业的股权激励应该灵活地组合实施，要适应企业的发展，并能够为企业创造更多的利润。

1.让员工以企业发展为重：股票期权+超额利润分红

股票期权激励计划是以股票对经营者进行激励，股权激励的实施依据是股东价值最大化，分离所有权和经营权。超额利润分红是企业给员工设定既定的目标，若激励对象完成了规定的业绩则可以按照一定比例来分红。如果将这两种激励工具组合起来，则能够保证激励对象以企业发展大局为重。

企业的激励计划多元化，能够最大限度地吸引到员工参与激励计划的热情。第一，股票期权激励计划捆绑了员工和企业的利益，降低了员工的短期行为，促使员工关注企业发展大局；第二，超额利润分红激励则是销售部门的专享福利，这也表明了销售部是此次股权激励的重点部门，在这样双重的激励作用下，可以极大地刺激到员工的工作积极性。

一般情况下，超额分红激励具有弹性激励的特性，可以制定出符合不同岗位的绩效考核目标；即使是企业处于不同的发展阶段，企业管理者也能够根据自身实际情况来制订激励方案。

2.股权带给员工额外的收益：干股+实股

企业在实施股权激励过程中，可能会遇到这样一个让人头疼的问题：如果只分给员工收益而不让员工获得管理权，会增加企业管理者的负担，各种琐事都必须亲力亲为；如果只分给员工管理权但是不让员工获得收益，可能又会造成企业的绝对控股权被稀释，影响企业的正常化发展。

如果将收益和管理权相结合，碰撞出不一样的火花呢？所谓收益就是指干股，而管理权则是指实股，"干股+实股"的模式在股权激励计划中的运用是比较广泛的。

企业可以借助于股权激励计划来推动企业的发展，但是假如前两次的股权激励都失败了，那么企业就急需一种适合企业现阶段的股权激励方案，而"干股+实股"这种模式恰好解决了企业燃眉之急。

3.解决股权激励量化的问题：海氏岗位价值评估

为了保证股权激励的公平性，企业需要精准地评估激励对象的工作绩效。因此，股权激励的量化就成了令企业管理者烦恼的问题。在具体的工作绩效考核中，海氏岗位价值评估法运用得比较广泛。

海氏岗位价值评估法又称"指导图表——形状构成法"，是1951年美国工资设计专家艾德华·海研究出来的，其有效地解决了不同职能部门不同职务之间相对价值的相互比较和量化难题，在全球各大企业得到大面积推广应用并获得成功，被企业界广泛接受。

海氏岗位价值评估法是一种十分实用和有效的岗位测评方法，企业可以借助于海氏岗位价值评估法来精准地评估各个岗位的工作绩效和价值，确保股权激励的公平性。

4.用股权激励来培养人才：虚拟股权+延迟支付

随着企业招聘人才成本的上升，企业要想招聘到一个理想的人才难度逐渐加大，因此与其投入大量的金钱去招聘，不如通过实施股权激励计划在内部培养人才。

企业采用了虚拟股权激励和延迟支付激励，一方面，虚拟股权让激励对象在享受分红的同时，企业管理者也能够掌握绝对控股权；另一方面，延迟支付激励对于员工而言，可避免集中收入过高导致的高纳税税率，对企业来说，可以起到长期激励作用，被激励者能否得到分红的依据是其工作绩效，也降低了企业的股权激励成本。

避免掉入股权激励陷阱

激励是企业领导进行人员管理的一种重要手段。它可以有效协调员工与企业目标之间的关系，最大限度地调动员工的创造力与主动性。可是，如果激励措施使用不当，就难以达到理想的效果。这些不恰当的激励措施我们称之为"激励陷阱"。

1. 制订激励方案时，忽视了对员工特性的考察

企业不要千篇一律地为员工制订激励方案，而要根据员工特点的不同来制订相应的激励方案。此外，应该根据员工年龄的差别，采用不同的激励方式。比如，对于年长的员工，要注重其稳定性，将其固定工资的比例适当提高，奖金的比例则相应地减少。对于刚入职的新员工来说，企业应注重为其提供一个充分施展才华的舞台，所以对其在职位上的激励可能要比薪酬方面的激励更有效。所以说，可将这些人固定薪酬调低一些，而将奖金适当调高一些。

2. 设定奖励的上限

很多企业都会设定奖励的上限，而且这个上限只有极少数表现最突出的员工才能够达到。

企业所有的员工如果都按照这个上限去工作的话，结果就是没有人可超过这个上限。这样，企业制定的奖励上限的制度就会阻碍企业业务发展。

3. 员工的晋升激励未能得到正确使用

晋升激励也是一个重要的员工激励方法。但其效果取决于员工晋升的概率和职位提升后的薪酬增加情况。这种提升的机会太多或者太少，就很难体现出激励的效果来。

在公司的组织架构上，应该考虑到员工晋升机会的多少、职位的数量和晋升时间等因素，这些都会影响员工的工作积极性和对自身前途的期望。

如果企业的发展迅速，就会有很多晋升职位不断出现，这样，对员工应以晋升激励为主。但当企业的业务萎缩，并逐渐减少管理人员的数量时，则应当考虑以奖励为主的激励措施。

4. 激励措施中的考核标准不统一

企业制订激励措施，肯定是为了让企业更好地发展。一旦激励制度的考核标准不规范、不统一，那么在执行阶段就会出现问题。

一般情况下，企业会为销售业绩高的销售人员提供相应的奖励。这种做法本身没有问题，但问题是，达到什么样的业绩才可获得奖励呢？如果公司以销售额来衡量业绩的话，就可能出现员工私自降价以提高销售额，最终导致销售量上去了，利润反而降低。

这种激励方法不利于公司的良好发展。所以，对销售人员来说，最合适的考核标准是创造销售利润，绝不能局限在销售的总额上。只有这样，他们才会在销售更多产品的同时，还能够为公司带来丰厚的利润。

5. 奖励与风险之间不平衡

业务简单但利润高的企业，风险回报的模式就会出现比较严重的扭曲。

如果公司业务中的多数收入来源于少量的固定客户，就会希望扩大公司的客户群。公司将侧重对扩大客户群的销售员工进行奖励，如果我们只是从激励的角度来看这个激励措施，的确很有效。如此一来，销售人员就可能会将公司业务的重心放到寻找新客户上，对现有客户的维护缺乏动力。这就势必会发生重大问题，会使现有的客户流失。

所以，一个科学的激励方案，必须要做到奖励与风险之间的平衡，才能保证企业发展的平稳。

6. 协调不利

很多企业在涉及自身利益方面的问题时，肯定会发生一些矛盾冲突。这是因为，即便是在同一个公司，不同部门之间也难以做到完全统一。

例如，在企业同一个项目中，会计部门最希望的是，可以在三天之内完成所有工作任务，这样便于他们完成各类票据结算，进而收获奖励。而运营部门人员最关注的是，让工作处在动态过程中，他们的任务就是让项目维持在高效运行的状态中，这是他们激励计划的基础。

也就是说，一个部门期盼项目快速完成，一个部门希望项目可以继续高效运转。因此，在两个部门之间协调不利的情况下，双方发生矛盾冲突的情况便难以避免。

在这种情况下，公司可以对现有的运营流程进行优化或调整，把发生矛盾冲突的概率降到最低。让这些矛盾冲突部门之间的所有员工都清楚，不管从何种利益出发，他们都应当相互协调，避免矛盾冲突。